Peter Poguntke
Braune Feldzeichen
Stuttgarter Straßennamen in der NS-Zeit und der Umgang nach 1945

VERÖFFENTLICHUNGEN DES ARCHIVS DER STADT STUTTGART

Herausgegeben von Roland Müller

Band 105

Die Deutsche Bibliothek – CIP – Einheitsaufnahmen
Ein Titelsatz für diese Publikation ist bei Der Deutschen Bibliothek erhältlich
Alle Rechte vorbehalten
© 2011 Archiv der Stadt Stuttgart
Komissionsverlag: Hohenheim Verlag GmbH, Stuttgart-Leipzig
Gesamtherstellung: Henkel GmbH Druckerei, Stuttgart
Layout und Umschlaggestaltung: ctrl-s prepress GmbH, Stuttgart
Gedruckt auf alterungsbeständigem Papier nach DIN ISO 9706

Peter Poguntke

Braune Feldzeichen

Stuttgarter Straßennamen in der NS-Zeit und der Umgang nach 1945

Inhaltsverzeichnis

Vorwort des Herausgebers 7
Kapitel I: Einführung 13
Kapitel II: Straßen und Plätze im Dritten Reich –
Besetzung des öffentlichen Raums 23
Kapitel III: Straßen und Plätze im Dritten Reich –
Benennungen und Umbenennungen 33
Kapitel IV: Straßen und Plätze des Dritten Reiches –
Die Bereinigung des öffentlichen Raums 89
Kapitel V: Der Umgang mit dem öffentlichen Raum – ein Fazit 123
Kapitel VI: Quellen und Literatur 131

Vorwort des Herausgebers

Die wissenschaftliche Beschäftigung mit der Historie der Straßennamen auf regionaler und lokaler Ebene steht in einem geradezu reziproken Verhältnis zu den politischen Debatten in zahlreichen Kommunen. Zur Abstinenz mag eine vordergründige politische Instrumentalisierung des Themas beigetragen haben. Jedenfalls liegen, von einem breit angelegten Kölner Projekt abgesehen, kaum Lokalstudien vor, die über einen positivistischen Katalog der Namen hinausgehen oder weniger als Reflex örtlicher Auseinandersetzungen denn als wissenschaftliche Beschäftigung gelten können.[1] In der Germanistik und der Spezialdisziplin Onomastik fand das Thema in allgemeiner Form Beachtung.[2] Und nach der Wende 1989/90 gaben Diskussionen über Benennungen vor allem in Berlin und einigen Städten in der ehemaligen DDR Anstöße für die Forschung.[3] Seit kurzem nun findet das Thema besondere Aufmerksamkeit: 2006 erschien eine Monographie von Johanna Sänger über die Namensgebung in der DDR, ein Jahr später legte der Münsteraner Geschichtsdidaktiker Rainer Pöppinghege eine Gesamtübersicht vor, zugleich wesentliche Basis eines Artikels von Matthias Martens in einem Sammelband „Geschichte und Öffentlichkeit". 2008 wurde die Monographie Werners über die Kölner Straßenbenennungen seit 1933 veröffentlicht.[4]

---

1   Zu Köln v.a. Glasner, Peter: Die Lesbarkeit der Stadt. Kulturgeschichte der mittelalterlichen Straßennamen Kölns, Köln 2002; Werner, Marion: Vom Adolf-Hitler-Platz zum Ebertplatz. Eine Kulturgeschichte der Kölner Straßennamen seit 1933, Köln u.a. 2008, sowie weitere Veröffentlichungen von Glasner, Bering und Großsteinbeck, zuletzt: Bering, Dietz/Großsteinbeck, Klaus: Die ideologische Dimension der Kölner Straßennamen von 1870 bis 1945, in: Jaworski, Rudolf/Stachel, Peter (Hrsg.): Die Besetzung des öffentlichen Raumes. Politische Plätze, Denkmäler und Straßennamen im europäischen Vergleich, Berlin, 2007, 311 – 336.
2   Fuchshuber-Weiß, Elisabeth: Straßennamen: deutsch. In: Eicher, Ernst u.a. (Hrsg): Namenforschung. Ein internationales Handbuch zur Onomastik, Bd. 2, Berlin/New York, 1996, 1468-1475 und weitere Beiträge; Bering, Dietz: Das Gedächtnis der Stadt. Neue Perspektiven der Straßennamenforschung, in: Kremer, Dieter (Hrsg.): Onomastik. Bd. I. Chronik, Namensethymologie und Namengeschichte, Forschungsprojekte, Tübingen, 2002, 209-225.
3   Vgl. Azaryahu, Moaz: Von Wilhelmplatz zu Thälmannplatz. Politische Symbole im öffentlichen Leben der DDR, Gerlingen 1991; ders.: German reunification and the politics of street names: the case of East Berlin, in: Political Geography 16, 1997, 479-493.
4   Sänger, Johanna: Heldenkult und Heimatliebe. Straßen- und Ehrennamen im offiziellen Gedächtnis der DDR, Berlin, 2006; Pöppinghege, Rainer: Wege des Erinnerns. Was Straßennamen über das deutsche Geschichtsbewusstsein aussagen, Münster, 2007; Martens, Matthias: Straßennamen – Lesezeichen im kulturellen Gedächtnis, in: Horn, Sabine/Sauer, Michael (Hrsg.): Geschichte und Öffentlichkeit. Orte – Medien – Institutionen. Göttingen, 2009, 61-69. Zu Werner siehe Anm. 1.

Straßennamen sind zweifellos Teil unserer kollektiven Erinnerung, unserer Geschichtskultur und damit auch Teil der Vergangenheitspolitik, also gelegentlich „vermintes geschichtspolitisches Terrain" (Pöppinghege). Kollektive Erinnerung muss als Erinnerungsfigur versinnbildlicht und symbolfähig an konkreten Stellen verortet werden; Werner nennt die Straßennamen ein besonders effizientes Medium, da sie zugleich dem kommunikativen Gedächtnis zugeordnet werden können, mithin im Alltag präsent sind. Sie entstanden aus einer Orientierungs- und nicht nur räumlich zu verstehenden Ordnungsfunktion; dabei waren topographische Benennungen sowie auf einzelne Einrichtungen und die kommunale Infrastruktur zurückgehende Bezeichnungen im Wortsinne Namen gebend. Seit der Französischen Revolution wurde Straßennamen zunehmend eine Erinnerungsfunktion beigemessen. Deshalb sind bei einer Analyse sowohl die historischen Prozesse selbst wie die auch die Erinnerungskonstruktionen zu berücksichtigen.[5]

Die demographische Entwicklung und ihre Folgen für Infrastruktur und Gesellschaft im 19. Jahrhundert begünstigten diesen Prozess. Nun erst wurde die Benennung formalisiert und damit Teil des politischen Aushandelns. Historisch-politische Bezüge und Benennungen wurden immer wichtiger, ohne freilich jemals zu dominieren. Das „Pantheon deutscher Straßennamen", das Pöppinghege 2006 anhand der Auswertung eines digitalen Telefonbuchs erbaut hat und das eine deutliche West-Ost-Spaltung aufweist, führen Schiller und Goethe an; mit Friedrich Ebert findet sich der erste Politiker auf Platz 13, August Bebel folgt auf Rang 22.[6]

Generell konstatiert Martens: „Die Auswirkungen politischer Zäsuren auf das öffentliche Geschichtsbild sind groß, aber nicht allumfassend. Trotz vier epochaler Zäsuren in der deutschen Geschichte des 20. Jahrhunderts zeigt die sich heute in Straßennamen repräsentierende Erinnerungslandschaft Aspekte aller politischen und gesellschaftlichen Gebilde der neueren und neusten [!] deutschen Geschichte".[7] Die Forschung ist sich darüber einig, dass sich in der NS-Zeit die Politisierung des öffentlichen Raumes erheblich beschleunigte. Das Themenfeld Nationalsozialismus ist es auch, das über die Wende von 1989/90 hinaus im Gebiet der alten Bundesrepublik fast ausschließlich die Diskussionen

---
5   Zu den theoretischen Grundlagen vgl. das instruktive Kapitel bei Werner, Kölner Straßennamen, 288ff.
6   Pöppinghege, Wege des Erinnerns, 29f.
7   Martens, Straßennamen, 67.

prägt, zwar abgesehen vom Thema Kolonialismus, das aber, in Süddeutschland mehr als im ehemaligen Preußen, wiederum nicht selten auf Benennungen der NS-Zeit zurückgeht und insoweit ebenfalls einschlägig konnotiert ist.

Die Debatten um Straßennamen der letzten Jahre sind nicht zuletzt im Kontext eines veränderten Umgangs mit der NS-Geschichte, unter anderem eine Individualisierung von Opfern und Personalisierung von Tätern, zu sehen. Wenn indes die Aussage Werners zutrifft - „Je schneller und je mehr Straßennamen umbenannt werden, desto tiefer greifend sind die Umstrukturierungen der gesellschaftlichen Verhältnisse zu bewerten."[8] – könnten wir den Bogen wesentlich weiter spannen, nicht ohne Berechtigung sogar von einer Umbruchszeit sprechen. Jedenfalls scheint mir evident, ohne einen empirischen Nachweis führen zu wollen, dass in den letzten Jahren das Thema Straßen(um)benennung politisch wieder vermehrte Aufmerksamkeit erfährt. Stuttgart bildet hier keine Ausnahme.

Die kommunalen Archive sind als historische Kompetenzzentren und Fachstellen in die verwaltungsinterne Behandlung des Themas eingebunden. In Stuttgart obliegt dem Stadtarchiv eine meist aufwändige gutachtliche Äußerung an das federführend zuständige Amt (Haupt- und Personalamt) bzw. Referat (Allgemeine Verwaltung und Krankenhäuser). Das Stadtarchiv sieht es als seine Aufgabe an, den Stand der Forschung zu einem Sachverhalt oder – meist – einer Person anhand der wissenschaftlichen Literatur darzustellen, um eine Beschlussfassung auf fachlicher Grundlage zu ermöglichen. Eigene Forschungen können nur angestellt werden, sofern es sich um lokale Persönlichkeiten handelt, die nicht Gegenstand der Forschung waren.

Angesichts der damals aktuellen Diskussionen hat das Stadtarchiv 2008 vorgeschlagen, die Geschichte der Straßenbenennungen in Stuttgart in einem Forschungsprojekt zu untersuchen – auch um zu einer Versachlichung der Diskussion beizutragen. Dieser Vorschlag fand Zustimmung; die Kulturverwaltung beauftragte das Stadtarchiv mit einer einschlägigen Studie. Mit Blick auf die zur Verfügung stehenden Finanzmittel wurden die besonders wichtigen Straßenbenennungen in der NS-Zeit sowie der Umgang damit in den ersten Nachkriegsjahren als Untersuchungsgegenstand festgelegt. Dennoch sollte die Analyse zumindest anhand der Literatur eine vergleichende Perspektive besitzen. Auch galt es zu klären, inwieweit „reichsweite" oder lokale Initiativen und Interessengruppen bei bestimmten Benennungen initiativ waren.

---

8   Werner, 319.

In dieser Situation erwies es sich als Glücksfall, dass dank der Vermittlung von Professor Dr. Wolfram Pyta, Ordinarius für neuere Geschichte am Historischen Institut der Universität Stuttgart, Herr Dr. Peter Poguntke als Bearbeiter gewonnen werden konnte, soeben mit einer Monographie über das Rote Kreuz in der NS-Zeit promoviert und mit der Erforschung der NS-Zeit bestens vertraut.[9] Trotz der zeitlichen und finanziellen Begrenzung des Projekts hat er den Auftrag in überzeugender Weise erfüllt. Besonders hervorzuheben ist, dass er durch die Auswertung Münchner Quellen nebst der Studie Werners über Köln die Stuttgarter Ergebnisse stets in vergleichender Perspektive betrachtet und analysiert hat.

Über die historische Untersuchung hinaus können gerade bei diesem Thema zwei aktualisierende Aspekte nicht übergangen werden: zum einen die didaktische Bedeutung und zum anderen die Frage nach dem Umgang mit „problematischen" Straßennamen. Zu Recht hat Pöppinghege auf die didaktische Relevanz der Geschichte von Straßenbenennungen bzw. –umbenennungen hingewiesen: „Die Lernenden können jederzeit einen lebensweltlichen Bezug entweder zur eigenen oder benachbarten Straße herstellen. Damit ergibt sich ein lokalgeschichtlicher Bezug, der zur Motivation beitrage dürfte. Darüber hinaus unterstützt ein solcher projektorientierter Unterricht mit entsprechenden Recherche-Aufgaben das eigenständige Arbeiten bzw. die Teamfähigkeit, wenn es um Gruppenarbeit geht."[10] Dennoch bleibt auch zu prüfen, ob nicht bloße Umbenennungen diesen Zugang bzw. den öffentlichen Diskurs erschweren können. Immerhin vermag ein entsprechend gekennzeichneter umstrittener Straßename mit einer Erläuterung oder einem andern sichtbaren Hinweis als sichtbares Merkzeichen wahrgenommen werden und zu Nachfragen und Nachdenken anregen. Demgegenüber wird ein bloßer Namensaustausch über die unmittelbar Beteiligten hinaus wohl nur für kurze Zeit im öffentlichen Bewusstsein bleiben.

Damit sind wir vollends bei der Frage nach dem Umgang mit „problematischen" historischen Straßenbenennungen angelangt. Zweifelsfrei wird man nicht auf jede Umbenennung verzichten, auch nicht jenseits radikaler gesamtgesellschaftlicher Umbrüche, und muss dafür nicht allein Lenin, Stalin und Hitler anführen. Aber auch der durchaus für Umbenennungen plädierende Pöppinghege resümiert schließlich verhalten und bringt das Argument der Quantität ins

---

9 Poguntke, Peter: Gleichgeschaltet: Rotkreuzgemeinschaften im NS-Staat, Köln u.a. 2010.
10 Pöppinghege, Wege des Erinnerns, 112.

Spiel: „Zur Orientierung könnte man berücksichtigen, ob ein Namenspatron beispielsweise eine Diktatur aktiv unterstützt hat und ob er persönlich Menschen Gewalt angetan hat. Ist sein Handeln auch vor dem Hintergrund zeitgenössischer Moral- und Rechtsprinzipien als verbrecherisch zu betrachten? Dies alles spräche eindeutig gegen Benennungen nach dem Kolonisator Carl Peters, aber nur bedingt gegen Treitschke (…) Antisemiten und Nationalisten hat es in der deutschen Geschichte gegeben. Die darüber hinaus weisende Frage lautet: In welcher Anzahl sollte eine demokratische Gesellschaft derartige Straßennamen akzeptieren?"[11]

Gilt also die Wendung eines bekannten Literaturkritikers: „Der Vorhang zu und alle Fragen offen"? Tatsächlich ist eben die (Um-)Benennung von Straßen ein Teil der Geschichtskultur und damit der Vergangenheitspolitik. Deshalb soll darüber diskutiert und gestritten werden – wenngleich im Bewusstsein, dass es sich nicht selten um bloße Symbolpolitik handelt. Dies wird und soll eine demokratische Gesellschaft aushalten, angesichts der jüngeren Geschichte zumal die deutsche. Dazu gehört, dass jene, die aus Gründen des Geschichtsbewusstseins wie des historischen Lernens für einen zurückhaltenden Umgang mit historischen Benennungen plädieren, damit rechnen müssen, bei der medialen Skandalisierung zuweilen mit Namensgebern in eins gesetzt und entsprechend öffentlich attackiert zu werden. Wiederum gilt: Die (Um-)Benennung von Straßen ist weniger ein Kommentar zur Geschichte als vielmehr ein Spiegelbild der jeweiligen Gegenwart. Und was das Kriterium der Quantität in Stuttgart betrifft, so zeigt die Studie Poguntkes, dass in Stuttgart nach 1945 wie wohl nur in wenigen westdeutschen Städten nach Besetzung und Befreiung Straßennamen mit Bezug zu Nationalsozialismus und Militarismus umbenannt worden sind.

Stuttgart, im März 2011

Roland Müller

---

[11] Ebd, 117.

12

Kapitel I: Einführung

1. Einleitung: Straßennamen und ihre Bedeutung

„Straßennamen sind alltägliche Orientierungshilfen in der Stadt, denen niemand entgehen kann", schreibt Johanna Sänger in ihrer Rezension zu Rainer Pöppingheges „Wege des Erinnerns": „Sie können aber auch ein erster Zugang zur Ortsgeschichte sein."[1] Fällt Sängers Rezension zu Rainer Pöppingheges Werk zwar eher zurückhaltend aus, so anerkennt sie doch die zentralen Anliegen des Paderborner Historikers. Eines von ihnen ist die Zuordnung gefundener Straßennamenstypen zu ihren Entstehungszeiten.[2] So war nach Pöppingheges Darstellung beispielsweise die „Borussifizierung Deutschlands" ab der Reichsgründung 1871 deutschlandweit an den Straßenbenennungen deutlich ablesbar, die Erinnerung an Orte und Helden des Ersten Weltkrieges, aber auch an Politiker der neuen Republik prägten hingegen die 1920-er Jahre.[3] Ab 1933 ergriffen die Nationalsozialisten von dieser Möglichkeit Besitz, sich mit den Trägern und „Märtyrern" ihrer Bewegung, aber auch mit vermeintlichen ideologisch verwandten Elementen im öffentlichen Raum der Kommunen zu verankern. Dieser Argumentation folgend, erscheint die Benennung öffentlicher Straßen und Plätze in den vergangenen Jahrhunderten immer mehr als Möglichkeit für die jeweiligen politischen Machthaber, sich auf eine Art und Weise ins öffentliche Bewusstsein einzuprägen, der – wie oben zitiert – „niemand entgehen kann"[4], wobei sie die Traditionen der Vorgänger entweder fortführen oder mit diesen brechen. Nicht zuletzt hat bereits der 44. Deutsche Historikertag in Halle an der Saale in seiner stadtgeschichtlichen Sektion von „Vernichtung beziehungsweise Erhaltung von gebauter Geschichte" gesprochen.[5]

---

1 Johanna Sänger: Rezension zu: Pöppinghege, Rainer: Wege des Erinnerns. Was Straßennamen über das deutsche Geschichtsbewusstsein aussagen, Münster 2007. In: H-Soz-U-Kult. 9.6.2008, http://hsozkult.geschichte.hu-berlin.de\rezensionen\2008-2-161, letzter Zugriff am 13.5.2009.
2 Ebd.
3 Ebd.
4 Siehe Anmerkung, 1.
5 Schott, Dieter: Entwerten oder erhalten, entdecken oder gestalten. Der Umgang mit Geschichte in städtischen Politikentscheidungen und Zukunftsentwürfen des 20. Jahrhunderts. Bericht vom 44. Deutschen Historikertag in Halle an der Saale vom 10. – 13. September 2002. In: H-Soz-U-Kult vom 18.10.2002, http://hsozkult.geschichte.hu-berlin.de\index.asp?id=98&pm=tagungsberichte, letzter Zugriff am 12.8.2008.

Hans Dollinger hat diesen Wandel in der Sinngebung von Straßennamen am Beispiel Münchens untersucht, wo ab 1770 eine durchgängige Hausnummerierung und ab der Wende zum 19. Jahrhundert das Anbringen von Straßenschildern zu beobachten waren.[6] Bis dahin wirkten – ähnlich wie in anderen deutschen Städten des ausgehenden Mittelalters und der frühen Neuzeit – topografische Gegebenheiten sowie in den jeweiligen Straßen ansässige Gewerbe, Familien oder dort vorhandene Gebäude namensgebend. Diese Umstände hatten einen bis 1800 konstanten Bestand an Straßennamen gewährleistet und weitergehende Orientierungshilfen im Inneren der durch Mauern begrenzten Städte überflüssig gemacht. Als aufgrund des Bevölkerungszuwachses und des Zuzuges jedoch die Mauern fallen mussten und das Umland erschlossen wurde, erhielten die im Zuge dieser Entwicklung entstehenden neuen Straßen alsbald eine neue Rolle als Träger „dynastischer Propaganda".[7] Augenfällig ist dies zum Beispiel in München an den bis heute erhalten gebliebenen und an bayerische Siege in den Befreiungskriegen gegen Napoleon I. erinnernden Namen „Arcisstr." (vormals „Friedrich-Str."), „Barer Str." („Wilhelmstr.") und „Brienner Str." (vormals „Königstr."), deren Umbenennung 1826 erfolgte.[8] Nach dem deutsch-französischen Krieg 1870/71 wiederholte sich dieser Vorgang in dem gerade neu entstandenen Viertel rund um den Ostbahnhof, wo bis heute Straßen nach den Orten von Schlachten wie Wörth, Metz und Sedan benannt sind – ganz genauso wie in Stuttgart, dem Untersuchungsgegenstand dieser Arbeit.[9] Erst 1875 entschloss sich die bayerische Regierung erstmals zu einer Richtlinie, wonach bei der Benennung von Straßen und Plätzen in der Hauptstadt „geschichtliche Momente, Künstler, Wissenschaftler und Münchener Patrizierfamilien"[10] bevorzugt zu berücksichtigen seien.

Straßennamen sind also ganz offensichtlich, wie Marion Werner in ihrer profunden Untersuchung der Kölner Straßennamen[11] konstatiert, in hohem Maße „eine kulturelle Angelegenheit."[12] Mit zunehmender Tendenz seit Aufkommen der Nationalstaaten transportierten sie „ideologische Inhalte von na-

---

6   Dollinger, Hans: Die Münchener Straßennamen, München 2007, 6.
7   Ebd., 7.
8   Ebd., 8.
9   Ebd.
10 Ebd.
11 Werner, Marion: Vom Adolf-Hitler-Platz zum Ebert-Platz. Eine Kulturgeschichte der Kölner Straßennamen seit 1933, Köln u.a. 2008.
12 Ebd., 7.

tionaler Bedeutung."[13] Durch Werners These wird klar nachvollziehbar, wie politisch-historische und kulturgeschichtliche Prozesse an Straßennamen ablesbar sind und in ihrer Gesamtheit auch zur Schaffung eines kollektiven kulturellen Gedächtnisses beitragen, an dem sich die Identität der Bewohner des jeweiligen Stadtviertels beziehungsweise der jeweiligen Kommune orientiert.[14] Aus diesem Grund war es beispielsweise den Nationalsozialisten von Beginn ihrer Herrschaft an erklärtes Ziel, die ungeliebte Weimarer Republik nicht nur propagandistisch zu verteufeln, sondern auch aus dem kollektiven Gedächtnis zu streichen, indem keine öffentlichen Plätze und Straßen mehr an sie erinnern sollten.[15] Diese Arbeit wird zeigen, in welchem Umfang und mit welcher Konsequenz dies geschah und wie die Nationalsozialisten die frei gewordenen Plätze besetzten.

Vor dem Hintergrund dieser Betrachtung ist es nicht verwunderlich, dass sich vielerorts auch mehr als 60 Jahre nach dem Ende des Dritten Reiches teils heftige Kontroversen an der Frage von Straßenbenennungen entzünden, die von 1933 bis 1945 vollzogen wurden. Erinnert sei in diesem Zusammenhang zum Beispiel an die Debatte um den ehemaligen Reichspräsidenten Paul von Hindenburg, der als Namensgeber zahlreicher Straßen in ganz Deutschland bis zum heutigen Tage fungiert. Wurde Hindenburg in der Vergangenheit nicht als treibende Kraft an der Ernennung Hitlers zum Reichskanzler gesehen und damit von persönlicher Schuld gewissermaßen freigesprochen, haben neueste Forschungen diese These ganz klar widerlegt:[16] Hindenburg hat die Ernennung Hitlers im Vollbesitz seiner geistigen Kräfte und im Einklang mit seinem politischen Programm vorgenommen. Zu berücksichtigen in dieser Diskussion sind aber auch Namen ehemaliger deutscher Kolonien, die bis heute zum Beispiel in Düsseldorf und München sowie in der Bundeshauptstadt Berlin erhalten geblieben sind, und vor allem deutscher Kolonialisten, die zum Teil erst in jüngster Zeit nach genaueren Untersuchungen aus den Stadtbildern entfernt wurden. Bestes Beispiel für diese Kategorie ist Carl Peters, den der britische Historiker Gordon A. Craig als „eigentümliche Mischung aus Marktschreier, Patriot und Judenfresser"[17] bezeichnet hat. Der Kolonialist führte in dem späteren Deutsch-

---
13 Ebd., 7f.
14 Vgl. ebd., 8 und 295.
15 Ebd., 295f.
16 Siehe Pyta, Wolfram: Hindenburg. Herrschaft zwischen Hohenzollern und Hitler, München 2007.
17 Craig, Gordon A.: Deutsche Geschichte 1866 - 1945. Vom Norddeutschen Bund bis zum Ende des Dritten Reiches, München 1980, 116.

Ostafrika ein so grausames Regiment, dass er 1896 von der Reichsregierung entlassen wurde. In der NS-Zeit, 1939, wurde er rehabilitiert und erhielt die ihm zugedachte Straße im „Afrikanischen Viertel" im Berliner Stadtteil Wedding wieder zurück, bis die Weddinger Bezirksversammlung 1986 beschloss, zwar den Namen beizubehalten, damit aber nicht mehr den Kolonialisten, sondern den gleichnamigen CDU-Politiker und Mitautor der Berliner Verfassung zu verbinden.[18] Für Diskussionsstoff sorgten regelmäßig auch Straßen und Plätze, die nach militärischen Erinnerungsorten benannt sind. Generell zu beachten ist bei allen genannten Kategorien auch die Frage, ob die Benennungen vor oder nach 1933 erfolgten. So können sich diese je nach dem Datum der Benennung entweder als Erinnerungsorte definieren – ähnlich wie Benennungen nach verloren gegangenen Gebieten –, oder als Aufforderungen, diese Gebiete zurückzuerobern. Je nach der Epoche, in der eine Benennung erfolgte, können sich also mit ihr völlig unterschiedliche bis konträre politische und historische Vorstellungswelten verbinden.

2. Straßen und Städte im Nationalsozialismus: Fragestellungen dieser Arbeit

Zur Beantwortung der komplexen Fragen, die sich aus Straßenbenennungen in der NS-Zeit ergeben, werden seit einigen Jahren verstärkt Historiker und hier vor allem die Experten für die jeweiligen Stadtgeschichte zur fachlichen Beratung herangezogen. In einigen Fällen sind sie ohnehin in diesen Prozess eingebunden beziehungsweise gestalten ihn federführend. Keineswegs hat sich die Debatte auf diesem Gebiet in den vergangenen Jahren auf Relikte aus der NS-Zeit beschränkt, sondern vielmehr zahlreiche neue Impulse aus der Aufarbeitung der SED-Herrschaft in Ostdeutschland erfahren.[19] Erfahrungsgemäß zeichnen sich die Diskussionen um die Benennungen von Straßen und Plätzen und die politischen Entscheidungen, die diesen zu Grunde liegen, durch ein hohes öffentliches Interesse der betroffenen Bürger aus. Die Triebkräfte dafür können völlig unterschiedlich sein: Das Argument, eine Straßenumbenennung würde eine aufwändige Änderung der Anschrift verursachen, steht neben

---

18 Honold, Alexander: Afrika in Berlin – Ein Stadtviertel als postkolonialer Gedächtnisraum, http://www.freiburg-postkolonial.de\Seiten\Honold-Berlin.htm, letzter Zugriff am 3.11.2009.
19 Werner, 314.

Einführung 17

grundsätzlichen Bedenken, eine bestimmte Person, einen bestimmten Ort oder ein bestimmtes Ereignis als Namensgeber zuzulassen. Erneut ein Argument dafür, dass Historiker auf diesem Gebiet als Berater nötig sind, wenngleich die letzte Entscheidung über Straßenbenennungen bei den Politikern liegt. In Deutschland sind dies die Stadt- und Gemeinderäte.

Die baden-württembergische Landeshauptstadt Stuttgart hat aus diesen Gründen ein Projekt aufgesetzt, um das Thema „Straßenbenennungen und Straßenumbenennungen" mit Blick auf die NS-Zeit und die unmittelbare Nachkriegszeit zu beleuchten, dessen Ergebnisse in dieser Arbeit niedergelegt werden sollen. Untersucht, erarbeitet beziehungsweise aufgezeigt werden sollen:

- die Straßenbenennungen und -umbenennungen während der NS-Zeit;
- die Frage, ob für die Benennungen lokale oder zentrale Initiativen des NS-Staats ausschlaggebend waren;
- die Um- und Rückbenennungen der unmittelbaren Nachkriegszeit 1945/46 unter Berücksichtigung eventueller Diskurse, die diese Prozesse begleiteten;
- ein Vergleich Stuttgarts mit ausgewählten anderen Städten;
- ein eventuell nach wie vor vorhandenes Potenzial „kritischer" Straßennamen in Stuttgart sowie Vorschläge und Empfehlungen für den Umgang damit.

Um das umfassende Thema von Straßenbenennungen im NS-Staat gemäß dieser Leitfragen bewerten zu können, ist es zudem unerlässlich, die Kommunalpolitik der Nationalsozialisten sowie die Rolle der Stadt im NS-Staat zu betrachten. Vor allem angesichts der Tatsache, dass der Stuttgarter Oberbürgermeister während der NS-Zeit, Dr. Karl Strölin, als einer der profiliertesten nationalsozialistischen Stadtoberhäupter galt,[20] und Stuttgart als „Stadt der Auslandsdeutschen" neben München als „Hauptstadt der Bewegung" sowie „Stadt der deutschen Kunst" und schließlich Nürnberg als „Stadt der Reichsparteitage" eine von drei Städten war, die einen NS-Ehrentitel trugen,[21] lässt die Betrachtung dieses Punkts besonders lohnend erscheinen. Zwar ergaben sich

---

20 Müller, Roland: Stuttgart, die „Stadt der Auslandsdeutschen". Anspruch und Wirklichkeit eines „NS-Ehrentitels." In: Mayrhofer, Fritz/Opll, Ferdinand (Hg.): Stadt und Nationalsozialismus, Linz 2008, 289-309, hier: 292.
21 Müller, Roland: Stuttgart zur Zeit des Nationalsozialismus, Stuttgart, 1988.

aus einem solchen Titel weder unmittelbare materielle Vorteile noch erweiterte politische Kompetenzen, doch erwuchsen mitunter daraus engere Beziehungen zur Reichsregierung oder zu Hitler selbst, die zur Durchsetzung der politischen Ziele der jeweiligen Städte erforderlich waren.[22] Auch grundsätzliche Gedanken der Urbanistik und Stadtgeschichte, unabhängig vom betrachteten Zeitraum, sind zu berücksichtigen. Es bestehen gerade zwischen Demokratie und Diktaturen „unterschiedliche Konstruktionsweisen städtischer Geschichte"[23], wie Adelheid von Salchern auf dem 44. Deutschen Historikertag 2002 festgestellt hat. So geben Diktaturen Sinnkonstruktionen auf dieser Ebene von oben vor, denen sich dann die lokalen Geschichtsbezüge anzupassen haben. Dennoch, so bewiesen vergleichende Analysen von Stadtjubiläen und Stadtrepräsentationen im NS-Staat und in der DDR, blieb den Kommunen bei solchen Ereignissen ein erheblicher lokaler Gestaltungsspielraum, der zur lokalen Identifikation und Integration beitrug.[24] Es sollen auf gar keinen Fall beide Staaten an dieser Stelle gleichgesetzt werden, dennoch ist aber beiden Herrschaftssystemen gemeinsam, dass sich die kommunale Selbstverwaltung jeweils in eng gesteckten Grenzen abspielte.

Mit dem „Gesetz zur Gleichschaltung der Länder mit dem Reich" vom 31. März 1933 hatten die Nationalsozialisten bereits die kommunale Selbstverwaltung der Weimarer Republik beseitigt und Städte und Gemeinden unter ihre Kontrolle gebracht. An die Spitzen der Städte und Gemeinden traten Staatskommissare, die später in aller Regel dort dann auch die Bürgermeisterämter bekleideten. Mittels des „Gesetzes zur Wiederherstellung des Berufsbeamtentums" vom 7. April 1933 konnten die Nationalsozialisten ergänzend dazu jeden aus den öffentlichen Verwaltungen entfernen, der ihnen aus politischen, religiösen, rassischen oder anderen Gründen als missliebig erschien. Rückhaltloses Eintreten für den nationalsozialistischen Staat wurde zur Pflicht gemacht. Gemeinde- und Städteräte wurden in ihren politischen Kompetenzen drastisch beschnitten und zu beratenden Organen degradiert, die selbst keine politischen Entscheidungen mehr zu treffen, sondern die von übergeordneten Gremien auszuführen hatten. Die zweite Welle des Machtausbaus der Nationalsozialisten auf kommunaler Ebene erfolgte erst zwei Jahre später, am 30. Januar 1935 – ein Zeichen, dass dieser Politikbereich nicht unmittelbar im Fokus des

---

22 Müller: Stuttgart, die „Stadt der Auslanddeutschen", 290.
23 Schott: Bericht vom 44. Deutschen Historikertag.
24 Ebd.

NS-Staates stand. Zu diesem Zeitpunkt trat die neue reichseinheitliche „Deutsche Gemeindeordnung" in Kraft. Sie erweiterte primär die Einflussmöglichkeiten der NSDAP in den Kommunen, deren zuständige Beauftragte von nun an das Vorschlagsrecht für den Bürgermeister, dessen Stellvertreter und die neu eingeführten Beigeordneten (vergleichbar heutigen Fachdezernenten) erhielten, ohne eine zentrale Kompetenzklärung zwischen Partei und Kommunalverwaltung herbeizuführen.[25] Dies gilt gerade auch für die hier zu untersuchende Frage der Benennung von Straßen und Plätzen. Vor allem jüngere Regionalstudien haben deswegen verstärkt darauf hingewiesen, wie weit das Pendel der Macht auf lokaler Ebene oft zu Gunsten der Hoheitsträger der Partei ausschlug.[26] Dies mag auch mit dem Umstand zusammenhängen, dass Städte und Gemeinden nun die vorrangige Pflicht hatten, die NS-Politik auf lokaler Ebene durchzusetzen, was wiederum dort eine starke Parteipräsenz erforderte. Andererseits steht auch fest, dass ohne aktive Beteiligung der Gemeinden beispielsweise Verfolgungs- und Rassenpolitik des NS-Staates gar nicht bis zur Basis umzusetzen gewesen wäre. Hier erfüllten die Kommunen also für das NS-Regime eine direkte systemstabilisierende Wirkung.[27]

3. Städte im Vergleich: Quellen, Literatur, Methodik

Die Kommunalpolitik zählte für Hitler nicht zu denjenigen Politikfeldern, deren Gestaltung er sich selbst vorbehalten hatte – wie zum Beispiel Außen- und Aufrüstungspolitik. Daran mag es liegen, dass sich die Forschung diesem Gebiet erst relativ spät zuwandte, obwohl, wie schon oben betont, das Dritte Reich ohne die System stabilisierende Funktion der Kommunen seine Herrschaftsmechanismen nicht hätte durchsetzen können. Anhand zahlreicher Regionalstudien, die seit den 90-er Jahren erschienen sind, wird dies besonders deutlich. Die vorliegende Arbeit folgt deshalb dieser Logik und wählt zum Vergleich mit Stuttgart zwei Städte, München und Köln, aus. Die katholisch-konservativ geprägte Landeshauptstadt Bayerns mit agrarischem Umland bildet bei dieser

---

25 Vgl. Müller: Stuttgart zur Zeit des Nationalsozialismus, 193.
26 Exemplarisch und aufgrund der Nähe der untersuchten Stadt zu Stuttgart sei hier genannt: Scherrieble, Johann: Reichenbach a.d. Fils unterm Hakenkreuz. Ein schwäbisches Industriedorf in der Zeit des Nationalsozialismus, Tübingen/Stuttgart 1994.
27 Fleiter, Rüdiger: Kommunen und NS-Verfolgungspolitik. In: Politik und Zeitgeschichte 14 (2007), Internet-Ausgabe v. 2.4.2007, http://www.bundestag.de\dasparlament\2007\14-15\Beilage\006.html, letzter Zugriff am 2.3.2010.

Betrachtung bewusst einen Gegensatz zum früh industrialisierten, protestantischen Stuttgart. In beiden Städten etablierte sich der Nationalsozialismus zu einem frühen Zeitpunkt, von München nahm er sogar seinen Ausgang – Tatsachen, die beide Städte trotz ihres unterschiedlichen kulturellen Hintergrundes wieder verbinden. Auf die besondere Rolle des Stuttgarter Staatskommissars und späteren Oberbürgermeisters Dr. Karl Strölin ist bereits hingewiesen worden. Der städtische Beamte, der bereits 1931 als OB-Kandidat für die Stuttgarter NSDAP antrat,[28] zog bei den Gemeinderatswahlen im selben Jahr mit der höchsten Stimmenzahl ins Stadtparlament ein.[29] Insofern war es nicht verwunderlich, dass Strölin nach der Ernennung Hitlers zum Reichskanzler mit dem Amt des Stadtoberhaupts bedacht wurde, das er bis zum Ende des Dritten Reiches behielt. Neben seinem Amt als Oberbürgermeister war Strölin im Deutschen Gemeindetag für Energiepolitik zuständig – ein Thema, für das er zudem im Reichshauptamt für die Kommunalpolitik der NSDAP-Reichsleitung verantwortlich zeichnete. Als Vorsitzender und später als Präsident des Deutschen Ausland-Instituts in Stuttgart war er auch als einer der wenigen NS-Politiker der unteren Ebene auf internationaler Bühne tätig, um unter den Deutschen im Ausland Anhänger des Nationalsozialismus zu gewinnen. Einer der Höhepunkte dabei stellte eine USA-Reise 1936 mit einem Auftritt im New Yorker Madison Square Garden dar.

In seiner Bedeutung als NS-Kommunalpolitiker wurde Strölin nur von Karl Fiehler übertroffen, seinem Amtskollegen in München, der am 20. März 1933 zum Staatskommissar für die bayerische Landeshauptstadt eingesetzt worden war und später dort zum Oberbürgermeister ernannt wurde. Der gelernte Kommunalbeamte hatte am Hitler-Putsch 1923 teilgenommen und saß nach einjähriger Haft ab 1924 durchgehend für die NSDAP im Münchener Stadtrat.[30] In Bayern hatte die NSDAP in der Weimarer Republik stets die besten Wahlergebnisse erzielt und bei den Kommunalwahlen 1929 und 1930 in München jeweils rund 16 Prozent geholt,[31] wohingegen die NSDAP bei der Wahl der zweiten Hälfte des Gemeinderats im Juli 1932 13 Sitze errang, ihr also erst relativ spät

---

28 Nachtmann, Walter: Wilhelm Murr und Karl Strölin. Die „Führer" der Nazis in Stuttgart. In: Abmayr, Herrmann G.: Stuttgarter NS-Täter. Vom Mitläufer bis zum Massenmörder, Stuttgart 2009, 187-204, hier: 190.
29 Ebd., 192.
30 Münchner Stadtmuseum (Hg.): München – Hauptstadt der Bewegung, München 1993, 208f.
31 Rösch, Mathias: Die Münchner NSDAP 1925-1933: eine Untersuchung, Univ-Diss. München 2002, 527; http://www.stolpersteine.de, letzter Zugriff am 15.7.2010.

Einführung

ein breiter Durchbruch gelang. Neben seinem Kommunalamt stand Fiehler dem Deutschen Gemeindetag vor, leitete das gesamte NSDAP-Hauptamt für Kommunalpolitik – war also hier parteiintern Strölins Vorgesetzter – und bekleidete die Dienstränge eines NSDAP-Reichsleiters und SS-Obergruppenführers.

In verschiedenartigen Gegensätzen zu Stuttgart und München steht Köln, die zweite Stadt, die zum Vergleich herangezogen wurde. So bildete Köln keine Landeshauptstadt, gehörte aber in der Zeit des Dritten Reiches zu den am schnellsten wachsenden Metropolen.[32] Zu Preußen gehörend war die Großstadt jedoch tief in der rheinländisch-katholischen Tradition verankert – ein Umstand, der bei der Betrachtung der Straßenbenennungen und -umbenennungen von 1933 bis 1945 beispielsweise unweigerlich zu der Frage führt, ob sich die antikirchliche Politik hier besonders stark ausgewirkt haben könnte. Eine Besonderheit Kölns bildete die geopolitische Lage der Stadt in dem bis 1936 entmilitarisierten Rheinland. Lag die Akzeptanz der NSDAP bis zum Beginn der NS-Herrschaft auch deutlich unter dem Reichsdurchschnitt – 18,4 Prozent bei den Reichstagswahlen am 6. November 1932 gegen 39,1 Prozent im Reichsdurchschnitt sowie 4,6 Prozent bei den Kommunalwahlen 1929/30[33] gegen 26,5 Prozent im Deutschen Reich –, so bereitete dies letztlich der Durchsetzung der Nationalsozialisten in der Stadt keine Probleme. Wie neuere Forschungen belegen,[34] gelang es ihnen dabei sehr früh, sich mit gesellschaftlichen Traditionen zu verbinden, was maßgeblich zur Festigung der Herrschaft beitrug.

Es soll an dieser Stelle auch nicht verschwiegen werden, dass es – im Gegensatz zu den meisten anderen Städten – in der bereits zitierten Arbeit von Marion Werner eine Untersuchung gibt, welche den Prozess der Straßenbenennungen und -umbenennungen speziell in der NS-Zeit genau analysiert. Breiten Raum widmet Werner darüber hinaus umfassenderen kulturgeschichtlichen Betrachtungen zur Sinnhaftigkeit von Straßennamen, von denen wertvolle Impulse für diese Untersuchung insgesamt ausgehen. Denn die Problematik der relativ begrenzten Literaturauswahl zur NS-Kommunalpolitik setzt sich beim Thema Straßennamen fort. Dem in den vergangenen Jahren stark gestiegenen Interesse an lokalgeschichtlichen Vorgängen verdankt die Forschung zwar zahlreiche lokalgeschichtliche Publikationen zum Thema Straßennamen, die wich-

---

32 Werner: 69.
33 http://www.koeln-suedstadt.de, letzter Zugriff am 6.3.2010 bzw. Kölner Statistisches Jahrbuch, 2. Jg, Köln 1930, 116.
34 Matzerath, Horst: Köln in der NS-Zeit 1933-1945, Köln 2009.

tige Auskünfte über Herkunft und Benennungszeitpunkt geben, jedoch kaum übergreifende vergleichende Studien. Was die Städte Stuttgart und München anbetrifft, stützt sich diese Arbeit deshalb auf umfangreiche Bestände der jeweiligen Stadtarchive zum Thema „Straßenbenennungen und -umbenennungen in der NS-Zeit", die größtenteils hier zum ersten Mal ausgewertet werden.

Zu betrachten sind ferner die gesetzlichen Rahmenbedingungen, unter denen Straßenbenennungen und -umbenennungen erfolgten. Nicht zuletzt kann diese Betrachtung eine der Leitfragen dieser Arbeit, ob Benennungen auf zentrale oder lokale Initiativen hin erfolgten, gleich von Anfang an beantworten. Diese ermöglicht es wieder, die daraus folgenden Fragen zu einzelnen Straßennamen in den richtigen Kontext zu stellen. Analog gilt dies für die Rückbenennungen nach dem Ende des Dritten Reiches, für die wiederum ebenfalls lokale und zentrale Initiativen sowie gesetzliche Rahmenbedingungen unterschiedlicher Art ausschlaggebend waren.

Kapitel II: Straßen und Plätze im Dritten Reich – Besetzung des öffentlichen Raums

Ähnlich wie der Sowjetkommunismus unter Stalin oder der italienische Faschismus unter Mussolini trat der Nationalsozialismus mit einem totalitären Gestaltungsanspruch an, der alle Bereiche des öffentlichen Lebens durchdringen, aber auch vor dem Privatbereich des Einzelnen nicht Halt machen wollte. Um diesen Anspruch durchsetzen zu können, begannen die Nationalsozialisten unmittelbar nach Hitlers Ernennung zum Reichskanzler mit dem Prozess der Gleichschaltung, der zum Ziel hatte, alle Bestimmungen, Organisationen und Institutionen auszuschalten, welche die totale Herrschaft hätten behindern können.[1] „Denn es gibt keinen privaten Bereich mehr", so Reichsminister Hans Frank, „in dem der einzelne unbehelligt an der Zerstörung der Grundlagen des nationalsozialistischen Gemeinschaftslebens arbeiten dürfte."[2] Und Robert Ley, der Chef der Deutschen Arbeitsfront (DAF), verschärfte diesen Anspruch noch einmal, indem er forderte: „Wir dürfen nicht nur fragen, was tut der Mensch bei der Arbeit, sondern wir haben auch die Pflicht, uns um ihn zu kümmern, wenn der Feierabend kommt [...] Wir müssen uns darüber klar sein, dass nicht Langeweile erholt, sondern Unterhaltung in verschiedenster Form. Diese Unterhaltung, diese Anspannung zu organisieren, wird eine unserer wichtigsten Aufgaben sein."[3]

Ließ sich dieser totale Gestaltungsanspruch im privaten Bereich der „Volksgenossen" auch kaum durchsetzen[4] – vor allem ehemalige Sozialdemokraten und Kommunisten erwiesen sich hier als besonders resistent[5] –, so gelang es den Nationalsozialisten hingegen sehr schnell, ein „Monopol zur Gestaltung der öffentlichen Meinung"[6] zu errichten, das bald einen Eckpfeiler ihrer Macht bildete. Zu den zentralen Inhalten dieses Monopols gehörte von Anfang an die Beherrschung des öffentlichen Raums: Als Staatskommissar Strölin am

---
1 Steinbach, Peter: Die Gleichschaltung. Zerstörung der Weimarer Republik – Konsolidierung der nationalsozialistischen Diktatur. In: Sösemann, Bernd (Hg.): Der Nationalsozialismus und die deutsche Gesellschaft. Einführung und Überblick, Stuttgart u.a. 2002, 78-113, hier: 82.
2 Gellateley, Robert: Hingeschaut und weggesehen. Hitler und sein Volk, TB München 2004, 65.
3 Grube, Frank/Richter, Gerhard: Alltag im Dritten Reich. So lebten die Deutschen 1933-1945, Hamburg 1982, 121.
4 Ebd., 154.
5 Vgl. Schneider, Michael: Unterm Hakenkreuz. Arbeiter und Arbeiterbewegung 1933 bis 1939. Bonn 1999, 646f.
6 Benz, Wolfgang: Geschichte des Dritten Reiches, München ²2003, 50.

21. März 1933 die Umbenennung der „Planie" im Zentrum Stuttgarts in „Adolf-Hitler-Straße" mit den Worten kommentierte: „Wir haben den Namen Adolf Hitler ins Herz der Stadt eingebrannt"[7], machte er diese Absicht damit deutlich. Gleichzeitig sollte damit zum Ausdruck jegliche Erinnerung an die politischen Kräfte der Weimarer Republik und die Opposition ausgelöscht werden. In München berief man sich bei diesem Prozess sogar auf eine angebliche Anweisung Hitlers vom 27. April 1933, wonach es „eine Ehrenpflicht ist, dass die Namen der Novemberverbrecher von unseren öffentlichen Straßen entfernt werden."[8] Ist auch eine zentrale Anweisung dieser Art für alle Kommunen in NS-Deutschland nicht nachweisbar, so kann von deren Authentizität zumindest für München ausgegangen werden, da für die „Hauptstadt der Bewegung" Hitler nach dem Inkrafttreten der Deutschen Gemeindeordnung 1935 selbst die Aufgabe des zuständigen NSDAP-Hoheitsträgers übernahm, mit dem alle Straßenbenennungen abzustimmen waren.[9] Aufgrund dieser Regelung nahm München bis 1945 eine Sonderstellung beim Verfahren zur Benennung von Straßen und Plätzen ein. Für alle anderen Kommunen war als Beauftragter der NSDAP nach der Deutschen Gemeindeordnung der Kreisleiter definiert. In Stuttgart kümmerte sich der Gauleiter darum.[10] Dort wurde diese Aufgabe also eine Ebene höher in der Parteihierarchie angesiedelt als üblich.

Vom Grundsatz her verlief das Verfahren zur Benennung von Straßen und Plätzen in allen Kommunen und somit auch in den drei Städten, die hier zur Betrachtung anstehen, ähnlich ab. In Köln hatten bis 1933 Stadt, Stadtverwaltung und – wegen der ordnungspolitischen Dimension dieser Vorgänge – Polizeipräsidium die Namensgebung geregelt.[11] Nun legte der Oberbürgermeister die Benennungen fest, wobei ihm in aller Regel Stadtarchive und Bauämter zuarbeiteten und den Stadt- und Gemeinderäten nurmehr beratende Funktion zukam.[12] Gewissermaßen wurde dieser administrative Vorgang also im Sinne

---

7   Müller, Roland: Stuttgart zur Zeit des Nationalsozialismus, Stuttgart 1988, 105.
8   StAM, Straßenbenennungen 40/55, Bü 1933/34, Schreiben d. Ref. VII 2a an die Schriftleitung d. Gemeindezeitung über div. Straßenumbenennungen v. 14.6.1933.
9   Ebd., Straßenbenennungen 40/62/d, Aktennotiz des Münchener Oberbürgermeisters Karl Fiehler v. 25.5.1939.
10 Müller: Stuttgart zur Zeit des Nationalsozialismus, 193.
11 Werner, Marion: Vom Adolf-Hitler-Platz zum Ebert-Platz. Eine Kulturgeschichte der Kölner Straßennamen seit 1933, Köln u.a. 2008, 17.
12 Vgl. ebd. sowie Müller: Stuttgart zur Zeit des Nationalsozialismus, 200 und StAM, Straßenbenennungen 40/55, Bü 1933/34, Schreiben des Ref. VII 2a an die Schriftleitung der Gemeindezeitung zu Straßenumbenennungen v. 14.6.1933; angefügt werden muss, dass in den Münchener Akten bis Mitte der 30-er Jahre mehr von Stadtratsbeschlüssen auf diesem Gebiet als von Erlassen des Oberbürgermeisters o.ä. die Rede ist.

des im NS-Staat geltenden Führerprinzips neu gestaltet. Den Versuch, zentrale Richtlinien für die Straßenbenennungen bereits Anfang 1933 durchzusetzen, gab es seitens des Reichsinnenministeriums,[13] jedoch scheiterte dieser. Aus diesem Umstand allein ein erhöhtes Interesse der NS-Machthaber an diesem Thema abzulesen, wäre jedoch falsch, da es unmittelbar nach der „Machtergreifung" zahlreiche Versuche von Parteigliederungen auf örtlicher Ebene gab, in bestehende Strukturen einzugreifen, so dass sich die Berliner Zentralgewalt öfters zur Intervention gezwungen sah, um diesen Wildwuchs abzustellen. Ähnliche Initiativen ergriffen das Reichsinnenministerium beispielsweise auch hinsichtlich des Deutschen Roten Kreuzes (DRK) und Hitlers Stellvertreter Rudolf Heß hinsichtlich der Tätigkeit der Nationalsozialistischen Betriebszellenorganisation.[14]

Es dauerte sechs Jahre, bis das Reichsinnenministerium mit seiner Verordnung vom 1. April 1939 und in seinem Erlass vom 15. Juli 1939 die „Benennung von Straßen, Plätzen und Brücken"[15] reichseinheitlich regelte. An der Zuständigkeit dafür änderte sich dadurch zunächst nichts. Nach wie vor lag die Entscheidung über die Benennung von Straßen in den Händen der Bürgermeister, welche die Zustimmung der NSDAP-Beauftragten einzuholen hatten. Gelangten beide nicht zu einer Einigung, sollten sie sich auf „eine andere, beiden Beteiligten genehme Benennung"[16] verständigen. Zudem sollten vom Bürgermeister die Ortspolizeibehörde sowie „aus Gründen der Zweckmäßigkeit" die Reichspost, die Leiter von Stadtarchiven, Geschichtsforschungsgesellschaften und „ähnlichen Vereinigungen"[17] gehört werden. Sollte eine Straße nach einer verstorbenen Persönlichkeit geehrt werden, empfahl das Reichsinnenministerium, „die Angehörigen zu hören, es sei denn, dass es sich um eine Persönlichkeit von überragender Allgemeinbedeutung handelt"[18] – was den Nationalsozialisten in dieser Hinsicht freie Hand verlieh, denn woran sich „überragende Allgemeinbedeutung" bemessen sollte, wurde in dem Erlass nicht näher definiert.

Mit Umbenennungen sollte nach dem Willen des Reichsinnenministeriums sehr sparsam umgegangen werden: „Dies gilt vor allem für alte und histo-

---

13 Dollinger, Hans: Die Münchener Straßennamen, München 2007, 9.
14 Poguntke, Peter: Gleichgeschaltet, Rotkreuzgemeinschaften im NS-Staat, Köln u.a. 2010, 72-73.
15 StAM, Straßenbenennungen 40/65 , Bü 1-21, Sonderabdruck Nr. 63 aus d. Ministerialblatt d. Reichs.- u. Preuß. Ministeriums des Inneren 1939, Nr. 30.
16 Ebd.
17 Ebd.
18 Ebd.

rische Namen."[19] Begründet wurde dies daneben mit dem hohen Verwaltungsaufwand und den Unannehmlichkeiten für die Anwohner. Nur „in besonderen Ausnahmefällen" seien Umbenennungen nicht nur gerechtfertigt, sondern geradezu „erforderlich, wenn die Bezeichnung einer Straße usw. dem nationalsozialistischen Staatsgedanken entgegensteht, ferner dann, wenn ein Name in weiten Kreisen der Bürgerschaft Anstoß erregt."[20] Sekundär konnte auch zur Vermeidung von Verwechslungen oder Beseitigung von Doppelbenennungen auf das Instrument der Umbenennung zurückgegriffen werden. Die klare Aufforderung, Umbenennungen genau abzuwägen, begründete sich auf durchaus konkrete Probleme. Zum einen bezog sich dies auf eine förmlich inflationäre Umbenennung von Straßennamen, die sich quer durch alle Kommunen zog. So hieß es beispielsweise in einem Gemeinderatsprotokoll dieser Zeit in Reichenbach a. d. Fils: „Es wird darauf hingewiesen, dass bald der unbedeutendste Ort seine Adolf-Hitler-Straße habe und daher Reichenbach nicht darauf verzichten könne."[21] Die förmliche Flut von Straßenumbenennungen nach dem Beginn der NS-Herrschaft hatte zudem in einigen Kommunen dazu geführt, dass die Verwaltung mit den Anordnungen von Stadt und Gemeinden oft kaum mehr Schritt halten konnte. „Die Umbenennungen von Straßen", so mahnte Staatskommissar Strölin deshalb in einem Rundschreiben vom 24. Juni 1933, „verursacht bei den beteiligten Behörden durch die notwendigen Umschreibungen wie auch bei den Gewerbetreibenden der betroffenen Strassen durch die Anschriftenänderung einen so erheblichen Aufwand und solche Erschwerungen, dass die Änderung bestehender Straßennamen keineswegs leicht genommen werden darf."[22] Es sei daher nicht angängig, bestehende alte Straßennamen lediglich deshalb ändern zu wollen, weil sie dem einen oder anderen Anwohner nicht gefielen.[23] Ähnlich argumentierte die Münchener Stadtverwaltung, als sie im November 1933 die NSDAP-Stadtratsfraktion darauf hinwies, dass topografische – und damit letztlich unpolitische – Straßennamen grundsätzlich erhalten bleiben sollten.[24] Ein praktisches Problem, das durch Straßenumbenennungen

---
19 Ebd.
20 Ebd.
21 Scherrieble, Joachim: Reichenbach a. d. Fils unterm Hakenkreuz. Ein schwäbisches Industriedorf in der Zeit des Nationalsozialismus, Tübingen/Stuttgart 1994, 190.
22 StAS, Straßenbenennungen 109, Bü 1933, Rundschreiben des Staatskommissars für die Verwaltung der Stadt Stuttgart v. 24.6.1933.
23 Ebd.
24 StAM, Straßenbenennungen 40/55, Bü 1933/34, Schreiben d. Ref. VII 2a wegen Straßenumbenennungen an die NSDAP-Stadtratsfraktion v. 4.11.1933; abgelehnt wurde damit die Umbenennung der „Hofgartenstr." in „Prinz-Heinrich-Str.".

gelöst werden konnte, war hingegen die Beseitigung von doppelt vorkommenden Straßennamen infolge von Eingemeindungen – ein Problem, das zwangsläufig meist größere Städte traf. So wurden zum 1. April 1937 allein fünf Umlandgemeinden, Heumaden, Rohracker, Sillenbuch, Uhlbach und Riedenburg nach Stuttgart eingemeindet. Bereits 1933 waren Feuerbach, Mühlhausen, Zazenhausen und Weilimdorf zur Stadt gekommen. Ähnlich verlief die Entwicklung in München, wo bereits 1933 die Eingliederung des heutigen Stadtteils Trudering 112 Umbenennungen notwendig machte.[25] Beide Aspekte zusammengenommen, die ideologiegetriebene Umbenennung von Straßen und Plätzen und die notwendigen Neubenennungen aus praktischen Gründen ließen häufig einen immensen Rückstau entstehen. So hatte die Stuttgarter Stadtverwaltung im Sommer 1935 das Problem der Beseitigung von 400 Doppelnamen zu lösen, eine Aufgabe, die angesichts der drängenden Neuauflage des Adressbuchs kaum machbar erschien.[26] Ein Jahr später gab es in Stuttgart immer noch jeweils neun Karl-, Kirch- und Wilhelmstraßen sowie sieben Bahnhofstraßen.[27] Im Juli 1939 meldete das Hauptverwaltungsamt der Stadt München entnervt an das für die Vorlage geeigneter Straßennamen zuständige Stadtarchiv, „bei der immer größeren Ausdehnung der Stadt und den zahlreichen neuen Straßen, die angelegt werden, stößt die Findung passender Straßennamen immer mehr auf Schwierigkeiten."[28]

Als ideale Lösung, den wachsenden Bedarf an neuen Straßennamen zu decken, gleichzeitig aber die Kontrolle über die Umbenennungen zu behalten und schließlich den regionalen Bedürfnissen der NSDAP – Gliederungen zu entsprechen, sich im öffentlichen Raum zu verankern, bot sich an, Namen aus der NS-Bewegung zu einem gewissen Teil gleich für Neubaugebiete zu verwenden – ausgenommen natürlich den Namen „Adolf Hitler" oder unmittelbar mit ihm zusammenhängende Begriffe, Personen und Orte. Köln beispielsweise blieb bis zum Kriegsbeginn Spitzenreiter im deutschen Wohnungsbau und deckte auf diese Art und Weise den Namensbedarf für immer neue entstehende Stra-

---

25 Ebd., 40/56, Bü 1934, Stadtratsbeschluss zu Straßenbenennungen aus Anlass der Eingemeindung Truderings v. 22.6.1933.
26 StAS, Straßenbenennungen 109, Bü 1935, Auszug der Niederschrift über die Beratung mit den Verwaltungsbeiräten v. 25.7.1935.
27 Ebd., 110, Bü 1936, Aktennotiz des Oberbürgermeisters zu den Straßenbenennungen 1936 v. 27.11.1936.
28 StAM, Straßenbenennungen 40/65, Bü 1-21, Schreiben d. Hauptverwaltungsamtes an das Stadtarchiv München v. 8.7.1939.

ßen.[29] In München schlug sich diese Tendenz darin nieder, dass Benennungen nach Personen aus der NS-Bewegung oder nach Personen, die ihr nahestanden, mehr an die Peripherie gelegt wurden als ins Stadtzentrum – einzige Ausnahme bildete der „Promenadeplatz", der während des Dritten Reiches „Ritter-von-Epp-Platz" hieß.[30] Zieht man als Vergleich dazu noch einmal Strölins bereits oben zitiertes Wort vom „Einbrennen des Namens Adolf Hitler ins Herz der Stadt" heran, so wird deutlich, dass die Stuttgarter NS-Führung einen anderen Weg der Benennungspolitik ging, hinter dem offensichtlich andere Motive als in München steckten. Nichtsdestoweniger empfahl das Reichsinnenministerium in seiner zentralen Richtlinie von 1939, hier auch pragmatisch zu verfahren: „Wenn eine Gemeinde den Wunsch hat, eine Persönlichkeit der neuesten Geschichte zu ehren, so bietet sich hierzu bei der großen Zahl der neuen Straßen, die allenthalben angelegt werden, ausreichend Gelegenheit, ohne dass es nötig ist, alte Straßennamen zu beseitigen."[31]

Der restliche, weitaus größere Teil der Ausführungsbestimmungen zur Benennung von Straßen, Plätzen und Brücken bezog sich auf rein fachliche Aspekte: Danach sollte ein Straßenname in einer jeden Gemeinde grundsätzlich nur noch einmal vorkommen, ein fortlaufender Straßenzug nicht mehrere Namen besitzen, sondern nur unterbrochen werden, wenn sie in einen Platz mündeten.[32] Daneben wurden die Kommunen angeregt, „Straßen zu Straßenvierteln zusammenzufassen"[33], indem ihnen Namen einer bestimmten Gattung zugeteilt wurden. Dieser Schritt sollte zu einer besseren Orientierung beitragen. Erst unter Punkt f) der Grundsätze für Benennungen wurde wieder Betonung auf die Besetzung des öffentlichen Raums gelegt: „Es ist selbstverständlich, dass die Straßennamen mit der nationalsozialistischen Weltanschauung im Einklang stehen müssen."[34] Aber, so hieß es bereits einschränkend im ersten Unterpunkt: „Besonderer Wert ist auf die Ortsgeschichte zu legen. Deshalb sind die Straßennamen in erster Linie von der Örtlichkeit (Flurbezeichnung u.a.) oder von örtlichen geschichtlichen Verhältnissen, bedeutsamen Geschehnissen und um das Gemeinwohl verdienten Persönlichkeiten herzuleiten."[35]

---

29 Werner: 69.
30 Dollinger: 9.
31 StAM, Straßenbenennungen 40/65, Bü 1-21, Sonderabdruck Nr. 63 aus d. Ministerialblatt d. Reich- u. Preuß. Ministerium d. Inneren 1939, Nr. 30.
32 Ebd.
33 Ebd.
34 Ebd.
35 Ebd.

Dies bedeutete also, dass Benennungen, die sich unmittelbar und ausschließlich aus dem Nationalsozialismus herleiteten, kein absoluter Vorrang einzuräumen war, sondern dass die lokale und historische Verankerung eines Namens als wichtiger eingestuft wurde. Mit Sicherheit beruhte dieser Punkt der Ausführungsbestimmung auf Erfahrungen, die während der vergangenen Jahre mit ihrer förmlichen Umbenennungswut gemacht worden waren und die mancherorts den Unmut der Bevölkerung hervorgerufen hatten.[36] Um Kommunen bei der Suche nach geeigneten Namen eine Orientierung zu geben, führte das Reichsinnenministerium in den folgenden Unterpunkten auf, welche Orte und Regionen in seinen Augen zu bevorzugen seien: Neben Namen aus dem Gebiet des Deutschen Reiches handelte es sich dabei um solche „aus den deutschsprachigen Gebieten des Auslandes sowie die deutschen Kolonien, ferner die Namen von Orten, an die sich besondere Ereignisse (Schlachten oder dergleichen) knüpfen."[37] Bei den „Männern der deutschen Geschichte"[38], die als Namensgeber fungieren könnten und im Anschluss daran aufgeführt waren, sollte es sich hingegen primär wieder um „Vorkämpfer der nationalsozialistischen Weltanschauung"[39] handeln, gefolgt von „Heer- und Flottenführern, Männern, die sich im Kriege, bei der nationalsozialistischen Erhebung sowie im Kampfe um das deutsche Volkstum besonders ausgezeichnet haben."[40] Danach kamen Künstler, Wissenschaftler, Unternehmer und Sportler. Nach Lebenden durften öffentliche Straßen grundsätzlich nicht benannt werden, über Ausnahmefälle – hierzu gehörte augenscheinlich Adolf Hitler – hatte das Reichsinnenministerium zu entscheiden.[41] Galt diese Anweisung zwar schon zuvor,[42] so wurde sie nicht überall konsequent eingehalten: So gab es beispielsweise im Stuttgarter Stadtteil Möhringen bei Kriegsende eine nach Reichsmarschall Herrmann Göring und eine nach Reichspropagandaminister Joseph Goebbels benannte Straße.[43] Auch, so das Reichsinnenministerium, sei die Bedeutung der Straße zu berücksichtigen: „Eine durch eine Straßenbenennung beabsichtigte Ehrung

---

36 StAS, Straßenbenennungen 111, Bü 137, Schriftwechsel der „Cannstatter Zeitung" mit d. Stuttgarter Oberbürgermeister v. 20.11.1937, 23.11.1937 u. 24.11.1937 sowie Sonderdruck der „Cannstatter Zeitung". „Zur Straßentaufe in Bad Cannstatt" v. 19.11.1937.
37 StAM, Straßenbenennungen 40/65, Bü 1-21, Sonderabdruck Nr. 63.
38 Ebd.
39 Ebd.
40 Ebd.
41 Ebd.
42 Ebd., 40/55, Bü 1933/34, Aktennotiz d. Ref. VII 1g v. 20.6.1934.
43 StAS, Straßenbenennungen 113, Bü 1945, Verzeichnis über d. Straßenumbenennungen v. 26.5.1945.

einer Person muss tatsächlich auch eine Ehrung darstellen."[44] Nur noch allgemeine Anweisungen enthielt der letzte Artikel der Ausführungsbestimmungen, der Klarheit, Einprägsamkeit, Unverwechselbarkeit und den Verzicht auf fremdsprachliche Namen forderte sowie zur Einhaltung der Rechtschreibregeln aufrief.[45]

Zusammenfassend lässt sich festhalten, dass es bis zum Sommer 1939, also bis kurz vor Kriegsbeginn, kein Regelwerk auf Reichsebene gab, das die Benennung öffentlicher Straßen und Plätze und damit die Besetzung des öffentlichen Raums einheitlich und straff organisiert hätte. Stattdessen blieb dieses Gebiet bis dahin weitestgehend den lokalen und regionalen Initiativen staatlicher, meist aber parteilicher Initiativen überlassen. Der Primat der Partei auf diesem Sektor deckt sich auch mit der neueren Forschung, welche die Gauleiterebene als eigentliches Machtzentrum der NSDAP auf regionaler Ebene sieht.[46] Auch gehörten kommunale Themen nicht zu den Politikfeldern, wie bereits oben erwähnt, auf denen sich Hitler selbst das Recht zur Gestaltung vorbehielt.[47] Eine der seltenen Ausnahmen auf kommunaler Ebene, wo Hitler selbst intervenierte, bildete nur die Benennung von Straßen und Plätzen in München, der „Hauptstadt der Bewegung", die Hitler nach dem „Endsieg" ähnlich wie Berlin und Linz komplett umbauen lassen und dann erst mit neuen Straßennamen versehen lassen wollte.[48] Daran scheiterte auch die von der Münchener Stadtführung vorgeschlagene Umbenennung der „Brienner Straße" in „Adolf-Hitler-Straße", der „Zweibrückenstraße" in „Straße des 9. November" und der „Galeriestraße" in „Trooststraße".[49]

Den Prozess der Namensgebung von Straßen und Plätzen von 1933 bis 1939 bestimmten also ganz klar lokale Spezifika und die jeweiligen kommunalen Führungen. An deren Aktivitäten lässt sich demzufolge ablesen, wie ernst es den Nationalsozialisten in den jeweiligen Kommunen mit der Besetzung des öffentlichen Raums war und welche Schwerpunkte sie dabei setzten, also auch, wie die jeweilige Stadt oder Gemeinde im Dritten Reich wahrgenom-

---
44 StAM, Straßenbenennungen 40/65, Bü 1-21, Sonderabdruck Nr. 63.
45 Ebd.
46 Vgl. Benz: 74.
47 Broszat, Martin: Der Staat Hitlers, München ^{9}1981 [^{1}1969], 353f.
48 Nerdinger, Winfried: Topografie des Terrors. Bauen im Nationalsozialismus am Beispiel Münchens. In: Hajak, Stefanie/Zarusky, Jürgen (Hg.): München und der Nationalsozialismus. Menschen. Orte. Strukturen, München 2008, 41-49, hier: 46.
49 StAM, Straßenbenennungen 40/55, Bü 1933/34, Schreiben der Stadtverwaltung München an d. Gemeindezeitung v. 23.11.1934 sowie Schriftwechsel des Oberbürgermeisters mit dem Landesvorsitzenden der Bayerischen Maler- u. Lackiererinnungen v. 14.6.1933.

men werden wollte. Im weiteren Sinne kann das Verfahren der Namensgebung öffentlicher Straßen und Plätze auch die in der neueren Forschung vertretene These von der wechselseitigen Dynamisierung von lokaler und zentraler Ebene im Nationalsozialismus bestätigen, wie sie Wolf Gruner anhand des Beispiels von öffentlicher Wohlfahrt und Judenverfolgung deutlich gemacht hat.[50] So warteten die kommunalen Behörden auch hier nicht erst auf Anweisungen von oben, sondern wurden sehr schnell von sich aus tätig, die Kölner zum Beispiel schon in der ersten Stadtratssitzung am Tag der „Machtergreifung".[51] Umgekehrt fing das Reichsinnenministerium in seinen Richtlinien von 1939 zahlreiche Vorgehensweisen, Gedanken und Überlegungen auf, die schon zuvor die bürokratische Praxis der Kommunen geprägt hatten. Hinzu kommt, dass es dem Ministerium gelang, in seinem Regelwerk die ideologischen Belange der Partei mit fachlich-administrativen Belangen perfekt miteinander zu verschmelzen. Gerade dieser Punkt führte dazu, dass sich Verordnung und Erlass – natürlich unter Weglassung aller nationalsozialistisch geprägten Teile – auch nach 1945 als praktikable Richtlinie für die Benennung von Straßen und Plätzen erwies. Ein gutes Beispiel hierfür bildet Hessen, wo beide Papiere später zu einer landesrechtlichen Vorschrift zusammengefasst wurden.[52]

---

50   Gruner, Wolf: Öffentliche Wohlfahrt und Judenverfolgung. Wechselwirkung lokaler und zentraler Politik im NS-Staat (1933-1942), München 2002.
51   Werner: 17.
52   Stadtvermessungsamt Frankfurt am Main (Hg.): Die Benennung von Straßen, Plätzen und Brücken, Frankfurt am Main 2000, 18-19.

Kapitel III:
Straßen und Plätze im Dritten Reich – Benennungen und Umbenennungen

Machtergreifung und Machtstabilisierung: 1933

In Stuttgart erfolgte die Umbenennung von zentralen Straßen und Plätzen nicht früher als in den Vergleichsstädten, aber wesentlich umfassender und über das bereits oben zitierte Hitler-Wort von der Verpflichtung zur Tilgung der Namen der „Novemberverbrecher" hinausgehend. Im Amtsblatt vom 26. Mai 1933 wurden die Kategorien bekannt gegeben, die nach Anweisung von Staatskommissar Strölin und auf Empfehlung der Verwaltung Grundlagen für die Namensgebung bildeten:

- „Kämpfer für das neue Deutschland",
- die Stuttgarter Toten der NS-Freiheitsbewegung,
- Helden und Orte des Weltkriegs,
- Namen und Orte aus den Befreiungskriegen gegen Napoleon I.,
- ehemalige deutsche Kolonien und
- Namen und Orte aus dem „baltischen Auslandsdeutschtum."[1]

Unter die erste Kategorie fielen bei den ersten Umbenennungen der getötete SA-Führer Horst Wessel, nach dem die Hymne der Partei benannt war, und Albert Leo Schlageter, der 1923 während des Ruhrkampfes als Saboteur von den französischen Besatzungstruppen hingerichtet worden war. In der zweiten Kategorie erschienen Gregor Schmid, Ernst Weinstein und Willi Kirchhoff. Bei ihnen handelte es sich um SA-Männer, von denen zwei nach der Diktion der NS-Machthaber als „Opfer bei Straßenüberfällen" gestorben waren. Einer verunglückte bei einer Dienstfahrt tödlich mit dem Auto.[2] Als Helden des Weltkriegs wurden der Jagdflieger Manfred von Richthofen sowie der U-Boot-Kommandant Otto Weddigen ausgesucht, als Schlachtenort Langemarck, wo im Herbst 1914 zahlreiche junge deutsche Kriegsfreiwillige, so die Legende, mit

---

1 StAS, Straßenbenennungen 109, Bü 1933, Ausschnitt aus d. „NS-Kurier" v. 26.5.1933 u. Amtsblatt der Landeshauptstadt Stuttgart v. 27.5.1933.
2 StAS, Straßenbenennungen 109, Bü 1933, Ausschnitt aus dem „NS-Kurier" v. 26.5.1933.

dem Deutschlandlied auf den Lippen gefallen waren. Diese Benennung nach einem Ort, der seitdem von der nationalen Rechten zum Mythos verklärt worden war, fällt aus heutiger Sicht besonders ins Auge, da sie den Beginn einer Reihe neuer Straßennamen bildete, die nach weiteren Kriegsschauplätzen des Ersten Weltkrieges, aber auch der Befreiungskriege benannt wurden. Bis 1937 stieg ihre Zahl auf 24.[3] Nicht mehr zurückgegriffen wurde auf Schlachten aus dem deutsch-französischen Krieg von 1870/71. Hier waren Benennungen bereits unmittelbar nach diesem Krieg („Sedanstr." 1872, „Metzstr." 1873) oder in der Weimarer Republik („Champignystr." 1927) erfolgt.[4] Sie sind größtenteils bis zum heutigen Tage erhalten geblieben.[5] Als Namensgeber aus den Befreiungskriegen dienten die preußischen Reformer und Militärs, Karl Freiherr von Stein, Gerhard Scharnhorst, Neidhardt von Gneisenau und Hans David Ludwig von Yorck, die sicherlich als nationale Symbolfiguren, aber kaum für einen totalitären Staatsgedanken wie für eine völkisch-radikale Massenbewegung stehen konnten.[6] Die nach dem Bodenreformer Adolf Damaschke benannte Straße im Schönblick, die nun drohte, geografisch mit der neuen „Yorckstraße" in Kollision zu geraten und dadurch an Bedeutung zu verlieren, wurde gleichzeitig in die Steinhaldensiedlung verlegt.[7] Bei dieser gesamten Aktion wurde kein Aufwand gescheut, im Stadtzentrum Stuttgarts nationalsozialistische Pflöcke einzuschlagen: So musste der „Schlageterstraße" die „Theaterstraße" weichen und der „Horst-Wessel-Straße" die „Schloßgartenstraße".[8] Freiherr von Stein besetzte die „Friedrich-Ebert-Straße", Scharnhorst die „Rathenaustraße" und Generalfeldmarschall von Yorck die „Wilhelm-Blos-Straße", benannt nach dem ersten württembergischen Staatspräsidenten.

Dieses Vorgehen gegen die Repräsentanten der von den Nationalsozialisten verachteten Weimarer Republik in Stuttgart deckte sich mit dem in anderen Städten. So wurde in München im Juni 1933 beschlossen, den „Stresemannplatz" in „Fasbenderplatz" umzubenennen, nach Karl Ritter von Fasbender, einem Infanteriegeneral des Ersten Weltkriegs.[9] Der nach dem bayerischen Sozi-

---

3 Landeshauptstadt Stuttgart (Hg.): Die Stuttgarter Straßennamen, bearb. v. Titus Häussermann, Tübingen 2003.
4 Ebd.
5 Ebd.
6 Bemerkenswert ist diesem Zusammenhang, dass später auch die DDR die genannten Preußen in ihr nationales Selbstverständnis integrierte und zum Beispiel mit Sonderbriefmarken würdigte [Anm. d. Verf.].
7 StAS, Straßenbenennungen 109, Bü 1933, Ausschnitt aus dem „NS-Kurier" v. 26.5.1933.
8 Ebd.
9 StAM, Straßenbenennungen, 40/55, Bü 1933/34, Schreiben d. Ref. VII 2a an d. Schriftleitung d. Gemeindezeitung über den Beschluss d. Hauptausschusses zu Umbenennungen v. 14.6.1933.

aldemokraten Georg von Vollmar benannte „Vollmarplatz" hatte dem „Von der Goltz-Platz" zu weichen, nach dem deutschen Reorganisator der türkischen Armee, Kolmar von der Goltz.[10] Die „Friedrich-Ebert-Straße" – sie war durch die Eingliederung des heutigen Stadtteils Perlach nach München gekommen – erhielt als neuen Namen „Tondernstraße", nach der Stadt Tondern in Nordschleswig, die im Vertrag von Versailles an Dänemark hatte abgetreten werden müssen.[11] Bereits zuvor war – wie in zahlreichen anderen Städten – der NS-Ikone Horst Wessel mit einer Straßenbenennung gehuldigt worden, „um der Neugestaltung unseres Vaterlandes im Geiste der unvergänglichen Ideale des deutschen Volkstums Ausdruck zu geben."[12] Auffällig bei dieser vergleichenden Betrachtung mit München bleibt, dass dort – obwohl „Hauptstadt der Bewegung" – in der ersten Phase der Umbenennungen Namensgebern der Vorzug gegeben wurde, die einen militärisch-nationalen Hintergrund hatten, aber keinen explizit nationalsozialistischen. Dieser Trend setzte sich bis Ende des Jahres 1933 fort, als zunächst der in Schwabing gelegene „Feilitzschplatz" in „Danziger Freiheit" – „Zur Erinnerung an die enge Verbundenheit" – und die „Karl-Singer-Straße" in „Schlieffenstraße" – nach dem Generalfeldmarschall und Schöpfer des „Schlieffen-Plans" – umbenannt wurden.[13] Gleichzeitig wurden mit der „Wolkensteinstraße" und der „Greifensteinstraße" zwei Straßen nach Südtiroler Orten bezeichnet,[14] abermals eine Reminiszenz an die Pariser Vorortverträge, auch wenn im vorliegenden Fall eigentlich Österreich und nicht Deutschland betroffen war. Erst mit der Umbenennung des „Schyrenplatzes" nach dem lokalen NS-„Märtyrer" Georg Hirschmann, einem getöteten SA-Mann, und der des „Promenadeplatzes" nach Georg Ritter von Epp[15] erhielten nationalsozialistische Symbolfiguren Gedenkplätze auf Kosten traditioneller Alt-Münchener Örtlichkeiten.

Ähnlich verlief die Entwicklung in Köln. Bereits in der ersten Stadtverordnetenversammlung nach, oder besser gesagt, parallel zur „Machtergreifung", boxten die Nationalsozialisten gemeinsam mit ihrem Koalitionspartner, den Deutschnationalen (DNVP), die Tilgung Weimarer und sozialdemokratischer

---

10 Ebd.
11 Ebd.
12 Ebd.
13 StAM, Straßenbenennungen 40/55, Bü 1933/34, Schreiben d. Ref. VII 2a an d. Schriftleitung d. Gemeindezeitung über den Beschluss d. Hauptausschusses zu Umbenennungen v. 14.6.1933 und die Stadtratsbeschlüsse v. 5.10.1993 u. 7.12.1933.
14 Ebd.
15 Ebd.

Politiker aus dem Stadtbild durch:[16] Die „Hängebrücke" hieß von nun an „Hindenburgbrücke", der „Platz der Republik" „Adolf-Hitler-Platz" – wohl die symbolträchtigste Umbenennung –, der „Rathenauplatz" „Horst-Wessel-Platz", der „Erzbergerplatz" „Königin-Luise-Platz", der „Bebelplatz" „Dietrich-Eckart-Platz", der „Lasalleplatz" „Prinz-Heinrich-Straße" und der „Platz an der neuen Universität" „Langemarckplatz". Auffällig an der Kölner Praxis sind zwei Aspekte: die Inbesitznahme der Person Hindenburgs als zu diesem Zeitpunkt noch amtierenden Präsidenten der Weimarer Republik sowie die Integration der Hohenzollern. Einsichtig erscheint dagegen die bewusste Ersetzung des sozialdemokratischen Vordenkers August Bebel durch Hitlers ideologischen Ideengeber Dietrich Eckart. Es darf davon ausgegangen werden, dass im Falle Hindenburgs die Nationalsozialisten wohl weniger den demokratisch gewählten Repräsentanten der Weimarer Republik im Auge hatten, sondern mehr den Feldherrn des Ersten Weltkrieges, der fest in der preußischen Offizierstradition stand. Zusammen mit der Verwendung zweier monarchischer Symbolfiguren aus Preußen erhielt die erste Welle der Straßenbenennungen in Köln dadurch einen zusätzlichen Aspekt der Borussifizierung, der wohl nicht zufällig war, gab es doch in dem nach dem Wiener Kongreß zwangseingegliederten katholischen Rheinland lange Zeit erhebliche Vorbehalte gegen Preußen.[17] Königin Luise blieb bis zum Ende des Dritten Reiches eine von nur zwei Frauen, die in der Domstadt den Nationalsozialisten als Namensgeberinnen dienten.[18] Die andere war Elsa Brandström, die legendäre Krankenschwester des Ersten Weltkriegs, die zum einen wegen ihres militärischen Hintergrundes als vorbildlich erschien, zum anderen als Ideal des NS-Frauenbildes gelten konnte, weil sie mit ihrer Pflege verwundeter Krieger ins Bild der von den Nationalsozialisten propagierten „Arbeits-, Lebens- und Kampfgemeinschaft"[19] von Männern und Frauen passte. Was die oben erwähnte These zur Kölner „Hindenburgbrücke" anbetrifft, so wird sie gestützt durch einen vergleichbaren Vorgang in Nürnberg, wo Oberbürgermeister Wilhelm Liebel verfügte: „In Wiedergutmachung der durch Umbenennung des Hindenburgplatzes den greisen Führer des deutschen

---

16 Aufzählung nach Werner, Marion: Vom Adolf-Hitler-Platz zumEbert-Platz. Eine Kulturgeschichte der Kölner Straßennamen seit 1933, Köln u.a. 2008, 17.
17 Vgl. Schoeps, Hans-Joachim: Preußen. Geschichte eines Staates, TB Frankfurt am Main u.a. 1980, 152.
18 Werner: 200.
19 Koonz, Claudia: Mütter im Vaterland. Frauen im Dritten Reich, TB Reinbek bei Hamburg 1994, 95.

Volkes in schwerer Zeit durch eine rote Stadtratsmehrheit einst zugefügten Beleidigung erhält der Rathenauplatz ab sofort die Bezeichnung Feldmarschall-Hindenburg-Platz."[20]

Wurden in Köln schließlich von 1933 bis Ende 1939 nur 51 Straßen und Plätze umbenannt,[21] so belief sich die Gesamtzahl in Stuttgart bis Ende Mai 1933 bereits auf 85,[22] so dass ein begeisterter Kolumnist des „Schwäbischen Merkur" in seinem Beitrag zur Jahreswende 1933/34 schreiben konnte: „Noch nie ist einer der Neujahrswünsche, die ich für meine Vaterstadt hegte, so rasch und weitgehend in Erfüllung gegangen als dieser. Der vaterländische Gedanke hat sich Bahn gebrochen."[23] Als Namensgeber hatten die früheren deutschen Kolonien, das „baltische Auslandsdeutschtum" sowie traditionelle Flur – und bis ins Mittelalter zurückgehende Personen – und Landschaftsnamen gedient.[24] Bei der Auswahl der Kolonialnamen, die sich in dem durch Weinanbau geprägten Stadtteil Obertürkheim konzentrierten und die eine Reihe althergebrachter passender Straßennamen beseitigten, stieß Strölin offenbar nicht nur auf Gegenliebe. „Wir Obertürkheimer haben seinerzeit den Vorrang bekommen, zahlreiche Straßen mit den Namen unserer früheren Kolonien bezeichnet zu erhalten", schrieb die NSDAP-Ortsgruppe Obertürkheim etwas gezwungen enthusiastisch an die Stuttgarter NSDAP-Stadtratsfraktion, „sehr erfreulich war dies und wurde diese Maßnahme auch dementsprechend von uns enthusiastisch propagandiert und zwar mit dem Erfolg, dass die ewigen Nörgler, die selbstverständlich nicht damit einverstanden waren, ganz zum Schweigen gebracht wurden."[25] Am deutlichsten werden diese zwischen den Zeilen genannten Diskrepanzen anhand konkreter Beispiele: So fiel die „Goethestraße" der „Deutsch-Ostafrika-Straße" zum Opfer, die „Kernerstraße" (nach der Rebsorte) der „Togostraße".[26] Die aufs Baltikum bezogenen Straßennamen – „Memeler Straße", „Rigaer Straße", „Dorpater Straße", „Revaler Straße", „Baltenstraße" – wurden ausnahmslos im Stadtteil Mühlhausen verwendet, wo wegen der Eingemeindung zum 1. Mai 1935 ein erhöhter Bedarf an Straßennamen be-

---

20 StAS, Straßenbenennungen 109, Bü 1933, Mitteilung des Nürnberger 1. Bürgermeisters Wilhelm Liebel ohne Datum.
21 Werner: 21.
22 StAS, Straßenbenennungen 109, Bü 1933, Amtsblatt der Stadt v. 27.5.1933.
23 Ebd., Sonderabdruck aus d. „Schwäbischen Merkur", Stuttgart, Nr. 1 v. 3. Januar, Nr. 2 v. 4. Januar, Nr. 3 v. 5. Januar 1934: „Stuttgarter Neujahrswünsche".
24 Ebd., Straßenbenennungen 109, Bü 1933, Amtsblatt der Stadt v. 27.5.1933.
25 Ebd., Schreiben der NSDAP-Ortsgruppe Obertürkheim an die Stuttgarter NSDAP-Stadtratsfraktion v. 23.7.1933.
26 Ebd., Amtsblatt der Stadt v. 27.5.1933.

stand[27], weswegen nicht unbedingt von einem rein ideologischen Hintergrund ausgegangen werden muss. Die Übernahme der Amtsgeschäfte des in Stuttgart beheimateten Deutschen Ausland-Instituts (DAI) durch Strölin fand ja erst Monate nach diesen Umbenennungen statt.

Augenscheinlich erfolgten die regen Umbenennungsaktivitäten in Stuttgart im permanenten Austausch mit der Parteibasis. So stellte die NSDAP-Ortsgruppe Kaltental einen Antrag auf Gewährung nach einer „Herrmann Göring"-, einer „Joseph Goebbels"- und einer „Christian-Mergenthaler-Straße" (NS-Kultminister vom Württemberg) mit der Begründung, die Ortsgruppe habe sich diese Ehrung verdient, „weil diese in dem ehemals roten Kaltental eine der schwersten Kämpfe zu bestehen hatte."[28] Die Stadtverwaltung versprach diesen Wunsch vorzumerken, aber erst zu realisieren, wenn die zahlreichen Veränderungen abgearbeitet worden seien, „die sich aus den Umbenennungen des Frühjahrs ergeben haben."[29] Die NSDAP-Kreisleitung Stuttgart meldete an Staatskommissar Strölin alle „im Dienst ums Leben gekommene" Anhänger der Bewegung,[30] um somit gleich ein Reservoir potenzieller Namensgeber zur Verfügung zu stellen.

„Es käme darauf an, Namensbezeichnungen, die dem nationalen Empfinden des deutschen Volkes nicht mehr entsprechen, in solche umzuändern, die ausgesprochene Vertreter des nationalen Gedankens waren", hatte Strölin bereits einen Tag nach der „Machtergreifung" an das Statistische Amt geschrieben[31] und damit schon die Absicht einer weitergehenden Neukennzeichnung des öffentlichen Raumes in Stuttgart erkennen lassen. Als Antwort waren ihm daraufhin die später auch umgesetzten Vorschläge gemacht worden, „Kämpfer für das neue Deutschland", Namen aus dem Weltkrieg, Namen aus dem Krieg 1870/71 sowie Namen aus den Befreiungskriegen zu verwenden und gleichzeitig Namen zu tilgen, die nicht ins NS-Weltbild passten.[32] Dazu gehörte nach Strölins Meinung der deutsche Dichter jüdischen Glaubens und demokratische Vorkämpfer Heinrich Heine, der den Nationalsozialisten und Angehörigen der nationalen Rechten ein Dorn im Auge war. Mit Bekanntgabe im Amtsblatt vom

---

27 Ebd.
28 Ebd., Schreiben der NSDAP-Ortsgruppe Kaltental an d. Statistische Amt d. Stadt Stuttgart v. 11.7.1933.
29 Ebd., Antwortschreiben der Stadt Stuttgart an die NSDAP-Ortsgruppe Kaltental v. 8.8.1933.
30 Ebd., Meldung der NSDAP-Kreisleitung Stuttgart an Staatskommissar Strölin v. 13.5.1933.
31 Ebd., Schreiben des Staatskommissars Strölin an den Direktor des Statistischen Amtes v. 31.3.1933.
32 Ebd.

27. Mai 1933 wurden deshalb die beiden im Stuttgarter Stadtgebiet vorkommenden „Heinrich-Heine-Straßen" im östlichen Stadtbereich Gänsheide (benannt 1906) und im 1931 freiwillig zur Stadt Stuttgart gekommenen Stadtteil Zuffenhausen (benannt 1930) in „Richard-Wagner-Straße" und „Hans-Sachs-Straße", nach der Zentralfigur der Wagner-Oper „Die Meistersinger von Nürnberg", umbenannt.[33] Die „Richard-Wagner-Straße", die bis heute ihren Namen behalten hat, gibt aufgrund des Zeitpunkts und des Initiators ihrer Benennung immer wieder Anlass zu kontroversen Diskussionen, die noch zu betrachten sein werden. Fest steht zunächst, dass der Vorschlag damals nicht von der Verwaltung kam. Ein möglicher Anlass dafür könnte das Wagner-Jahr 1933 gewesen sein, das in München mit 30 Straßenbenennungen[34] nach Wagners Werken gewürdigt wurde, die ebenfalls bis heute in den Stadtteilen Schwabing und Bogenhausen vorhanden sind. München und Bayreuth standen ja seit den Anfängen Richard Wagners als Hüterinnen seines künstlerischen Erbes in Konkurrenz zueinander.[35] Bereits vorhandene „Wagner-Straßen", zum Beispiel durch Eingemeindungen, wurden in München allerdings beseitigt und nach Bergen umbenannt. Ist auch in Strölins Entscheidung die ideologische Motivation, Heinrich Heine aus dem Stadtbild zu entfernen, klar erkennbar, so lässt sich dies aus seinem Entschluss für die Namen Richard Wagner und Hans Sachs nicht ohne weiteres herauslesen. Gleichwohl konnte sich Strölin dabei auf Zustimmung aus rechtsnationalen Kreisen verlassen, wie das Schreiben eines Regierungsrats a.D. an das Stadtoberhaupt zeigt: „Ich habe es immer als schmerzlich empfunden, daß man einer der schönsten Straßen unserer Stadt den Namen „Heinestraße" gegeben hat."[36] Somit stellte sich die Situation bei den Stuttgarter Straßennamen Ende des Jahres 1933 wie folgt dar:[37]

- insgesamt waren (ausgenommen die Adolf-Hitler-Straße) 85 neue Namen vergeben worden,
- davon zwei für Albert Leo Schlageter und Horst Wessel,
- drei für die lokalen NS-Märtyrer Gregor Schmid, Ernst Weinstein und Willi Kirchhoff,

---

33 Ebd., Amtsblatt der Stadt Stuttgart v. 27.5.1933.
34 StAM, Straßenbenennungen 40/56/a, Bü 1934, Aufstellung v. Straßennamen d. Ref. VII wegen Vermeidung v. Verwechslungen u. Änderungen d. Straßenverlaufs v. 22.6.1933.
35 Large, David Clay: Wagners Bayreuth und Hitlers München. In: Friedländer, Saul/Rüsen, Jörn (Hg.): Richard Wagner im Dritten Reich, 194-211, hier: 194.
36 StAS, Straßenbenennungen 109, Bü 1933, Schreiben des Regierungsrats a.D. (Name unleserlich) an Staatskommissar Strölin v. 3.5.1933.
37 Aufzählung nach ebd., Amtsblatt der Stadt Stuttgart v. 27.5.1933.

- drei für die Weltkriegshelden Richthofen, Weddigen und den flandrischen Weltkriegsschlachtenort Langemarck,
- vier für die preußischen Reformer aus der Zeit der Befreiungskriege, Freiherr von Stein, Scharnhorst, Yorck und Gneisenau,
- zehn nach ehemaligen deutschen Kolonien (Deutsch-Ostafrika-Straße, Deutsch-Südwest-, Togo-, Kameruner-, Windhuker-, Otawi-, Südsee-, Samoa-, Guinea- u. Tsingtauer Straße),
- fünf nach dem „baltischen Auslandsdeutschtum" (Memeler-, Rigaer-, Dorpater-, Revaler- und Baltenstraße),
- zwei nach Richard Wagner und der „Meistersinger" – Zentralfigur Hans Sachs,
- zweimal wurde auf Germanenstämme zurückgegriffen (Sueben und Alemannen), um die Ebertstraße und die Rathenaustraße in Zuffenhausen zu beseitigen und einmal auf den germanischen Sagenhelden Sigurd.

In allen restlichen Fällen wurden unpolitische Namen wie Flurnamen, Tiernamen, aber auch die Namen verdienter Stuttgarter Bürger sowie die Namen historischer Geschlechter verwendet, dreimal sogar Pfarrer (!).[38] Für fünf Straßen dienten schwäbische Ritter und Landsknechte als Namensgeber.[39] Bei dieser Wahl konnte wieder eher von einem NS-ideologischen Zusammenhang ausgegangen werden, da Namen wie „Frundsberg", „Götz von Berlichingen" oder auch „Ulrich von Hutten" in ihrem historischen Kontext als Symbole des deutschen Rittertums immer wieder gerne weltanschaulich vereinnahmt wurden. Nicht zuletzt wurden Einheiten der Waffen-SS nach ihnen benannt.[40] Ebenfalls in das Jahr 1933 fällt noch die Umbenennung der Cannstatter „Teckstraße" in „Martin-Luther-Straße".[41] Hier muss ausdrücklich darauf hingewiesen werden, dass in diesem Fall keinerlei Zusammenhang mit den Nationalsozialisten besteht. Wie aus der Niederschrift eines Hauptausschuss-Protokolls des Stuttgarter Gemeinderats hervorgeht, wurde die Benennung vielmehr vom Evangelischen Stadtdekanatsamt aus Anlass des 450. Geburtstages des Reformators beantragt.[42] Eine übersteigerte Wertschätzung Luthers durch die Stuttgarter Nationalsozialisten ist aus der Bereitwilligkeit, mit der dem Antrag entspro-

---
38 StAS, Straßenbenennungen 109, Bü 1933, Aufzählung, Amtsblatt der Stadt Stuttgart v. 27.5.1933.
39 Ebd.
40 Stein, George H.: Geschichte der Waffen-SS, Düsseldorf 1978, 269-270.
41 StAS, Straßenbenennungen 109, Bü 1933, Nachtrag zu Straßenbenennungen 1933, ohne Datum.
42 Ebd., Niederschrift d. Sitzung d. Hauptausschusses d. Stuttgarter Gemeinderats v. 14.11.1933.

chen wurde, also nicht zu erkennen. Vielmehr war der Name „Martin-Luther-Straße" bereits seit längerem im Stadtbauplan vorgesehen gewesen.[43] Diese ursprünglich vorgesehene größere Straße wurde nun aber zu Gunsten der kleineren „Teckstraße" getauscht und nach der „uns durch den Versailler Vertrag entrissenen deutschen Stadt Gnesen" benannt.[44] Zum Opfer gefallen waren dem Revirement bei den Straßennamen nicht nur alle bis dahin vorkommenden Politiker der Weimarer Republik, sondern auch politisch oppositionelle Regional- und Lokalpolitiker wie beispielsweise der Sozialdemokrat Karl Kloß, das erste Mitglied des Reichstages aus Stuttgart.

Köln lag im Vergleich mit nur 51 Umbenennungen im Jahr 1933 weit hinter Stuttgart.[45] Auch in Relation zur Weimarer Republik nehmen sich die Straßenbenennungsaktivitäten dort gering aus: In Köln entstanden von 1933 bis 1944 insgesamt 407 neue Straßen gegenüber 448 von 1919 bis 1933.[46] Da sich diese Namensgebungen aber auf die Jahre zwischen 1933 und 1939 konzentrierten, entstand ein im Vergleich zur Weimarer Republik erheblich höherer Jahresdurchschnitt von 8,5 zu 2,5 Benennungen pro Jahr. Die Tendenz der ersten Welle der Umbenennungen folgte der in Stuttgart: Verankerung der NS-Symbolik im öffentlichen Raum, Verdrängung politisch Andersdenkender und politisch missliebiger Personen sowie Erinnerung an lokale „Märtyrer" der NS-Bewegung. In diesem Fall handelte es sich um drei getötete SA-Leute, denen die „Eintrachtstraße", der „Hansaplatz" und die „Steinstraße" weichen mussten. Der Verzicht auf die „Steinstraße" – während in anderen Städten gleichzeitig Straßen nach dem preußischen Reformer benannt wurden – zeigt, wie Marion Werner betont, dass der Grund für Umbenennungen „nicht ideologische Gegnerschaft zu den vorigen Namensträgern" sein musste, sondern auch „der Bedarf an repräsentativen Flächen für wichtige Symbole" sein konnte.[47]

In München verlief die Entwicklung analog, wobei es hier ab 1935, wie bereits oben ausgeführt, für die Stadt Einschränkungen bei den Straßenbenennungen aufgrund der direkten Zuständigkeit Hitlers gab. Ähnlich wie in Stuttgart fanden sich in München auch NS-Symbolfiguren, Weltkriegshelden, Militärs und in der schon erwähnten „Danziger Freiheit" (in Stuttgart erfolgte die Benennung am 3. Juni 1934) eine Stadt, die durch den Versailler Vertrag vom

---
43 Ebd., Nachtrag zu Straßenbenennungen 1933, ohne Datum.
44 Ebd.
45 Werner: 21.
46 Ebd., 13.
47 Ebd., 25.

Deutschen Reich losgelöst worden war. Das unter Völkerbundmandat stehende Danzig scheint dabei aber in zahlreichen weiteren Städten als Namensgeber fungiert zu haben. Darauf deutet auf jeden Fall ein Dankschreiben der Danziger Verkehrszentrale an den Münchener Oberbürgermeister hin, in dem auch auf Lübeck Bezug genommen wurde, wo es ebenfalls nun eine „Danziger Freiheit" gab: „Durch das Ausrufen der beiden inhaltsschweren Worte ‚Danziger Freiheit' von Seiten der Straßenbahnschaffner durch die Beschriftung eines solchen großen Platzes wird die Bevölkerung immer wieder an den Kampf des deutschen Danzigs erinnert und aufgerüttelt."[48] Fand nach und nach auch in allen deutschen Städten eine systematische Eliminierung von Straßen statt, die nach Personen jüdischen Glaubens benannt waren, so rief dieses Thema die Nationalsozialisten an der Isar bereits sehr früh auf den Plan, ohne dass dafür besondere Symbolfiguren – wie Heinrich Heine in Stuttgart – der Anlass gewesen wären. Stein des Anstoßes war der Kommerzienrat Joseph Schülein, Hauptaktionär und Aufsichtsratsvorsitzender der Löwenbrauerei. „Schülein", so der NSDAP-Stadtrat Holzmüller in der Eingabe an seine Fraktion, „hat den größten Teil der bayerischen Landbrauereien aufgekauft, wodurch die in Bayern blühende Land-Bier-Industrie beseitigt wurde. Aus diesem Grund besteht also absolut keine Veranlassung, Joseph Schülein zu ehren."[49] Der Stadtrat reagierte schnell: Bereits sechs Wochen nach Holzmüllers Antrag hießen „Schüleinplatz" und „Schüleinstraße" „Halserspitzplatz" und „Halserspitzstraße".[50] Bei diesem Vorgang handelte es sich unzweifelhaft um eine lokale antisemitische Aktion, die in dieser Form in Stuttgart und Köln nicht zu beobachten war, und noch durch die Tatsache befördert wurde, dass sich Schülein als Deutscher jüdischen Glaubens und Wirtschaftsführer mit dem Ziel, die Löwenbrauerei zu einem marktbeherrschenden Konzern auszubauen, besonders als Feindbild der Nationalsozialisten eignete. Darauf deutet auch hin, dass der Münchener Oberbürgermeister ein halbes Jahr später in einem geharnischten Schreiben an den stellvertretenden Gauleiter von Franken, Karl Holz, einer Meldung der „Hopfenzeitung" entgegentrat, es gebe mit „Schüleinstraße" und „Schüleinplatz" in seinem Bereich noch Straßennamen, „die für die deutsche Stadt München unerträglich sind."[51]

---

48 StAM, Straßenbenennungen 40/55, Bü 1933, Dankschreiben d. Verkehrszentrale Danzig an d. Münchener Oberbürgermeister v. 23.12.1993.
49 Ebd., Eingabe d. NSDAP-Stadtrats Holzmüller an d. NSDAP-Fraktion im Münchener Stadtrat v. 25.9.1933.
50 Ebd., Beschluss d. Münchener Stadtrats v. 7.11.1933.
51 Ebd., Schreiben d. Münchener Oberbürgermeisters Karl Fiehler an d. stv. Gauleiter v. Franken, Karl Holz, v. 4.5.1934.

Wie die Vorgänge um die Straßenbenennungen und -umbenennungen 1933 in Köln, München und Stuttgart zeigen, folgten alle Städte trotz des Fehlens zentraler Anweisungen denselben Richtlinien. Oberstes Anliegen war es, Symbolfiguren und Erinnerungsorte der Weimarer Republik zu tilgen und die frei gewordenen Plätze sowie weitere repräsentative Orte in den Städten durch Symbole der NS-Bewegung zu ersetzen. Zudem wurden bevorzugt die Namen von ehemaligen deutschen Kolonien sowie von Orten und Gebieten verwendet, die durch den Versailler Vertrag verloren gegangen waren. Neben eine nationalsozialistisch-ideologische Zielrichtung trat somit eine revanchistische, ergänzt durch eine militärische, die sich aus der Verwendung von Feldherrn, Kriegshelden und Schlachtenorten aus dem Ersten Weltkrieg ergab. Die Geschichte und Tradition der Befreiungskriege sollte durch die Einbeziehung in diesen Prozess und die Verwendung der Namen preußischer Reformer mit vereinnahmt werden. Ideologische Brücke zum Nationalsozialismus sollte dabei der damalige Kampf gegen die Herrschaft Napoleons I. bilden, wobei die Stoßrichtung dieses Kampfes gegen Tyrannei und für die Herrschaft auf Basis einer Staatsverfassung unterschlagen wurde[52] und eine Fokussierung auf die rein militärischen Vorgänge stattfand. Verklärt wurde zum Beispiel der kriegsfreiwillige Student und Dichter Theodor Körner, der im Freikorps Lützow kämpfte. In Stuttgart wurde er mit Albert Leo Schlageter verglichen, „dem Märtyrer der jammervollen Besatzungszeit und Theodor Körner unserer Tage".[53]

Konnten sich die kommunalpolitischen Akteure der Nationalsozialisten bei ihren Aktivitäten auch stets auf eine angebliche Hitler-Äußerung stützen, wonach die Namen der „Novemberverbrecher" aus dem Stadtbild getilgt werden sollten, erhebt sich die Frage, ob es eine solche Äußerung, die als strikter Befehl herhalten konnte, überhaupt gebraucht hätte. Schließlich bildete die Glorifizierung der eigenen Bewegung, die Ablehnung von Weimarer Republik und Versailler Vertrag sowie die Verklärung des Frontkämpfertums des Ersten Weltkriegs einen übergreifenden Konsens. Dass bei der Besetzung des öffentlichen Raums unmittelbar nach der Machtübernahme der Nationalsozialisten eine generelle Linie erkennbar ist, mag daher nicht überraschen.

Besondere Akzente auf diesem Sektor konnte wohl eher derjenige NS-Kommunalpolitiker setzen, der es verstand, lokale Aspekte mit der „Macht-

---

52 Vgl. Schoeps: 347-351.
53 StAS, Straßenbenennungen 109, Bü 1933, Sonderabdruck aus d. „Schwäbischen Merkur", Stuttgart, Nr. 1 v. 3.1., Nr. 2 v. 4.1., Nr. 3 v. 5.1.1934: „Stuttgarter Neujahrswünsche" 1933/34.

ergreifung" zu verbinden und seine Kommune und gegebenenfalls auch sich darüber zu positionieren. Politischer Spielraum dafür war auf jeden Fall vorhanden. So brachte der Kölner Stadtrat eine preußisch-monarchische Komponente in seine ersten Umbenennungen ein, der Münchener Stadtrat nutzte gleich die Gelegenheit, einen prominenten jüdischen Bürger und Unternehmer zu diskreditieren. Dem Stuttgarter Staatskommissar und späteren Oberbürgermeister Strölin hingegen stand der Sinn nach noch Höherem, wie allein schon seine breit angelegten Um- und Neubenennungsaktivitäten des Jahres 1933 bezeugen. Als Triebkräfte für seinen Ehrgeiz dürfen ab der zweiten Jahreshälfte 1933 zwei Hauptgründe angenommen werden: das Bestreben, Stuttgart als bedeutende Metropole in Süddeutschland neben München und Nürnberg zu etablieren und der Wille, selbst zu einem der ersten Kommunalpolitiker im Reich mit direktem Kontakt zu Hitler aufzurücken.[54] In seiner Rede am 15. Oktober 1933 bei der Grundsteinlegung des Hauses der Kunst in München, als er die Rolle mehrerer Großstädte im NS-Staat beschrieb, hatte Hitler Stuttgart nämlich noch unerwähnt gelassen.[55] Eine Chance, dies zu ändern, konnte sich für Strölin auch durch die Gleichschaltung des in Stuttgart ansässigen Deutschen Ausland-Instituts (DAI) bieten, dessen Amtsgeschäfte er zum Jahresende 1933 übernahm. Stuttgart sollte nun „Stadt der Auslandsdeutschen" werden und in seiner Bedeutung damit zu Nürnberg und München und den anderen von Hitler erwähnten Städten aufschließen. Nürnberg war ja bereits 1933 mit dem Titel „Stadt der Reichsparteitage" bedacht worden. Bei dieser Strategie wusste sich Strölin außerdem einig mit seinem parteiinternen Konkurrenten, dem Reichsstatthalter und Gauleiter von Württemberg, Wilhelm Murr.[56] Der NS-Ehrentitel „Stadt der Auslandsdeutschen" sollte künftig eine große Rolle für die Wirkung der Stadt nach außen wie nach innen spielen.

2. Machtkonsolidierung: 1934 – 1937

Ab 1934 setzte Stuttgarts Oberbürgermeister Strölin verstärkt Signale, um die Darstellung Stuttgarts als „Stadt der Auslandsdeutschen" nach außen zu propa-

---

54 Vgl. Müller: Stuttgart, die Stadt der Auslandsdeutschen, 291/92.
55 Ebd., 291.
56 Nachtmann, Walter: Wilhelm Murr und Karl Strölin. Die „Führer" der Nazis in Stuttgart. In: Abmayr, Herrmann G.: Stuttgarter NS-Täter. Vom Mitläufer bis zum Massenmörder, Stuttgart 2009, 194f.

gieren. So verlieh er Hitler Ende 1934 den Ehrenring des DAI – was dieser allerdings lediglich mit der Übermittlung von Glückwünschen quittierte – und baute über Gauleiter Murr Kontakte zum Gauleiter der NSDAP-Auslandsorganisation (NSDAP-AO), Ernst Wilhelm Bohle, auf.[57] Letztgenannte Aktion geschah in erster Linie, um einen direkten Draht zu Hitler zu bekommen, ähnlich wie ihn die Oberbürgermeister von München und Nürnberg, Fiehler und Liebel, besaßen. Ein Bestreben, das letztlich erfolglos blieb, zum einen weil es nicht gelang, das Interesse Hitlers selbst zu wecken, zum anderen durch den Bedeutungsverlust der NSDAP-AO zugunsten der Volksdeutschen Mittelstelle (VOMI) unter der Kontrolle der SS.[58] Auch die zeitweilig sehr guten Beziehungen zu dem 1938 abgelösten Reichsaußenminister Konstantin Freiherr von Neurath konnten daran nichts ändern. Nach dem Willen Strölins sollte die Aufgabe Stuttgarts, „Stadt der Auslandsdeutschen" zu sein, „alle Gebiete der Verwaltung und des öffentlichen Lebens in Stuttgart erfassen."[59] Öffentlich verwendete Strölin diesen Titel zum ersten Mal bereits am 31. Mai 1934 bei der Umbenennung des „Garnisonskirchenplatzes" in „Skagerrakplatz", benannt nach der deutsch-englischen Seeschlacht im Ersten Weltkrieg,[60] obwohl Hitler diese Bezeichnung erst rund zwei Jahre später offiziell genehmigte[61] – eine Tatsache, die Strölin in seinem Ehrgeiz, Stuttgart zu einer „Hauptstadt des Auslandsdeutschtums" zu machen, nicht abhielt. In den 45 Straßenbenennungen von 1934[62] und damit in der Innenwirkung schlugen sich Strölins Ambitionen allerdings noch nicht nieder. Vielmehr findet sich auf der Liste aller Umbenennungen dieses Jahres[63] kein einziger Name mit Bezug zum Auslandsdeutschtum und überhaupt nur zwei mit unmittelbarem nationalsozialistischen Hintergrund: die „Dietrich-Eckart-Straße", nach Hitlers Ideengeber, und die „Willi-Kirchhoff-Straße", benannt nach einem ums Leben gekommenen Stuttgarter SA-Mann.[64] Letztgenannter Straßenname war zwar bereits vergeben worden, wurde aber noch einmal „verschoben", nachdem eine Straße entdeckt worden war, die dem NS-„Märtyrer" in den Augen der Stadtführung offenbar angemessener erschien. Wie schon oben erwähnt, war dies kein ungewöhnliches Vorgehen. Eine Berichtigung gab es bei den Koloni-

---

57   Müller: Stuttgart, die Stadt der Auslandsdeutschen, 294.
58   Ebd., 297-298.
59   Ders., Stuttgart zur Zeit des Nationalsozialismus, 224.
60   Ebd., 223.
61   Ders., Stuttgart zur Zeit des Nationalsozialismus, 223.
62   StAS, Straßenbenennungen 109, Bü 1934, Mitteilung d. Städt. Nachrichtenamtes v. 1.11.1934.
63   Ebd.
64   Ebd.

alnamen in Obertürkheim, wo die „Guineastraße" richtigerweise nach dem im Pazifik gelegenen Neuguinea umbenannt wurde[65] – mit dem westafrikanischen Guinea hatte Deutschland nie etwas zu tun gehabt. Mit diesem unveränderten Stand von Kolonialnamen im Stadtbild blieb Stuttgart im Vergleich zu München zurückhaltend. Dort waren im Vorjahr 22 Straßennamen mit kolonialen Bezügen (Kolonialgebiete, Orte, Kolonialoffiziere) vergeben worden, ergänzt durch eine Straße nach dem deutschen Kanonenboot „Iltis", das bei der Erstürmung des chinesischen Forts Taku 1900/1901 eine Rolle gespielt hatte.[66]

Den Rest der neuen Stuttgarter Straßennamen lieferten Landschaften, Pflanzen, aber auch historische Figuren ohne nationalsozialistischen Bezug, selbst wenn diese gerne vom NS-Staat vereinnahmt wurden, wie zum Beispiel die Bauernführer Florian Geyer und Wendelin Hipler aus den Bauernkriegen oder der Reformator Ulrich von Hutten[67], dargestellt als Vorkämpfer „im Dienst der deutschen Sache".[68] NSDAP-Gemeinderat August Häffner hatte seinen Antrag, drei Straßen nach Geyer, Hipler und von Hutten zu benennen, auch mit diesem Argument begründet: „Diese drei Männer haben in der Zeit der Bauernkriege von 1525 – als der ersten großen Revolution – für ein grossdeutsches Reich deutscher Nation gekämpft und geblutet. Wir haben deshalb die Pflicht, diese Männer nicht zu vergessen."[69] Ähnliche Intentionen waren auch in der Fortsetzung der 1933 eingeführten Praxis zu erkennen, Personen aus den Befreiungskriegen – in diesem Fall den Dichter Schenkendorf – und germanische Stämme – in diesem Fall die Franken – als Namensgeber heranzuziehen.[70] Insgesamt ergibt sich aus der Zusammenfassung der Stuttgarter Straßenbenennungen von 1934 somit ein bemerkenswert unpolitischer Eindruck, der noch durch die Tatsache unterstrichen wird, dass in diesem Jahr zum größten Teil neu gebaute und angelegte Straßen ihre Namen erhielten und so gut wie keine politisch motivierten Umbenennungen stattfanden.[71] Folgt man der These von der Konsolidierung des NS-Staates in der Zeit ab 1934, in der die außen- wie innenpolitische Festigung im Vordergrund stand,[72] so würde die Stuttgarter Ent-

---

65 Ebd.
66 StAM, Straßenbenennungen 40/56, Bü Umbenennungen 1934, Straßennamenaufstellung d. Ref. VII zur Vermeidung v. Verwechslungen u. Änderungen d. Straßenverlaufs v. 22.6.1933.
67 StAS, Straßenbenennungen 109, Bü 1934, Mitteilung d. Städt. Nachrichtenamtes v. 1.11.1934.
68 Werner: 147.
69 StAS, Straßenbenennungen 109, Bü 1934, Schreiben d. Gemeinderats Häffner an das Statistische Amt Stuttgart v. 23.9.1934.
70 Ebd., Mitteilung d. Städt. Nachrichtenamtes v. 1.11.1934.
71 Ebd.
72 Wendt, Bernd-Jürgen: Großdeutschland. Außenpolitik und Kriegsvorbereitung des Hitler-Regimes,

wicklung exakt ins Bild passen. Hinzu kommt, dass die innenpolitische Auseinandersetzung um den Obersten SA-Führer Ernst Röhm, die im so genannten Röhm-Putsch im Juni 1934 ihren Höhepunkt und zugleich mit der Entmachtung der SA-Spitze ihr Ende fand, für manche NS-Politiker ein überlegtes innenpolitisches Taktieren geboten erscheinen ließ.

Völlig konträr verlief die Entwicklung in München, wo 1934 107 Benennungen im Stadtgebiet erfolgten, davon allein 18 Neubenennungen in der so genannten Reichskleinsiedlung „Am Hart" im Norden der Stadt.[73] Dort erhielten zwölf Straßen und Plätze Namen mit sudetendeutscher Verbindung, womit einer Bitte des Sudetendeutschen Heimatbundes entsprochen wurde.[74] Manchem wäre es wohl logischer erschienen, diese Bitte nach Stuttgart zu richten, zumal es sich bei den Sudetendeutschen nach deren eigener Auffassung „um den größten grenzlanddeutschen Stamm unter Fremdherrschaft"[75] handelte. Hinzu kamen, verteilt über das restliche Stadtgebiet, sechs Straßen, die nach Südtiroler Orten benannt wurden, zwei nach den Mitbegründern des Deutsch-Österreichischen Alpenvereins, Karl Trautwein und Franz Senn, sowie eine nach dem Südtiroler Bergführer und Helden des Ersten Weltkriegs, Sepp Innerkofler, der in den ersten Tagen des Alpenkrieges 1915 am Paternkofel gefallen war. Die übrigen Straßennamen bildeten einen Streifzug durch die preußisch-deutsche Militärgeschichte, wie er auch in Stuttgart von der Verwaltung empfohlen worden war: Als Namensgeber dienten Orte und Feldherrn aus den Befreiungskriegen, dem preußisch-deutschen Krieg – bemerkenswert für das traditionell gegenüber Preußen kritisch eingestellte Bayern –, den Kriegen Friedrichs I. und des Großen Kurfürsten, dem Ersten Weltkrieg und schließlich General Burkhard von Oven, der 1919 mit seinen Truppen die Räteherrschaft in München beseitigt hatte.[76] NS-„Märtyrer" wurden in geringerem Umfang bedacht: Albert Leo Schlageter, nach dem bereits – ähnlich wie in Stuttgart und Köln – 1933 ein Platz benannt worden war, erhielt auf Vorschlag der NSDAP-Ortsgruppe München-Harlaching lediglich eine neue repräsentativere Anlage.[77] Mit dem-

---

TB München 1987, 70.
73 StAM, Straßenbenennungen 40/55, Bü 1933/34, Unterlage zu Straßenbenennungen 1934 in München, ohne Datum.
74 Ebd., 40/56/a, Aufstellung der Münchener Straßenbenennungen 1934, ohne Datum.
75 Ebd., 40/55, Schreiben des Landesverbands Bayern d. Sudetendeutschen Heimatbundes an d. Münchener OB Fiehler v. 7.1.1934.
76 Ebd., 40/56/a, Aufstellung der Münchener Straßenneubenennungen 1934, ohne Datum.
77 StAM, Straßenbenennungen 40/55, Bü 1933/34, Antrag der NSDAP-Ortsgruppe München-Harlaching v. 4.5.1934 u. Beschluss d. Münchener Stadtrats, dargelegt im Schreiben ans Ref. XIV, Straßenbau, v. 18.5.1934.

selben Stadtratsbeschluss wurde auch festgelegt, die beim Putschversuch vom 9. November 1923 ums Leben gekommenen Paul Casella, Felix Allfahrt, Anton Hechenberger, Dr. Max Erwin von Scheubner-Richter, Wilhelm Ehrlich, Kurt Neubauer, Andreas Bauriedl und Karl Laforce lediglich mit Straßenbenennungen in der Mustersiedlung Ramersdorf zu ehren.[78] Manchen Nationalsozialisten muss die Tatsache, diese „Blutzeugen der Bewegung", deren alljährlich vor der Feldherrnhalle gedacht wurde, an den Rand der „Hauptstadt der Bewegung" zu drängen, unverständlich erschienen sein, denn die Stadtverwaltung musste sich gegenüber der NSDAP-Stadtratsfraktion mit dem Argument rechtfertigen, dass ein Vergleich mit Nürnberg (wo zentraler gelegene Straßen vergeben worden waren) nicht angebracht sei, „da dies eine Herabminderung des Ehrenmals [Feldherrnhalle, d. Vf.] bedeuten würde."

Ein weiterer Schwerpunkt der Straßenbenennungen im Jahr 1934 erwuchs aus der militärischen Traditionspflege, die zum Teil dazu diente, die Nationalsozialisten als Bewahrer dieser Tradition darzustellen und zum anderen den Wehrwillen der Bevölkerung zu fördern,[79] denn zu diesem Zeitpunkt hatten Hitlers Wiederaufrüstungspläne bereits ganz konkrete Formen angenommen[80] und er selbst pflegte sich stets als Verwalter des Erbes der Frontsoldaten zu stilisieren.[81] Es passte somit ins Bild, wenn in Stuttgart Oberbürgermeister Strölin die Ehrung zur Gedenkfeier zum 125. Gründungstag des siebten Regiments der alten württembergischen Armee vornahm, bei der zeitgleich eine Benennung der Hauptwege des Ehrenfriedhofs des Regiments im Waldfriedhof erfolgte: Flandernweg, Arrasweg, Sommeweg, Ypernweg, Aisne-Champagne-Weg, Argonnenweg, Verdunweg, Vogesenweg, Isonzoweg, Karpathenweg, Balkanweg, Narewweg, Polenweg, Galizienweg, Ukraineweg, Skagerrakweg, Tangaweg[82] – alle Benennungen nach Schlachtfeldern des Ersten Weltkriegs. Eine vergleichbare Reverenz erwiesen die Münchener Nationalsozialisten der königlich bayerischen Armee, als sie den „Einser Platz" nach dem 1. Bayerischen Infanterieregiment „König" benannten und der „Combres-Höhe", einem Ort, an dem das 8. Bayerische Infanterieregiment im Ersten Weltkrieg gekämpft hatte, an repräsentativere Plätze verlegten.[83]

---

78 Ebd.
79 Deist, Wilhelm/Messerschmidt, Manfred/Volkmann, Hans-Erich/Wette, Wolfram: Ursachen und Voraussetzungen des Zweiten Weltkrieges, TB Frankfurt (Main) 1989, 147.
80 Ebd., 486.
81 Ebd:, 151.
82 StAS, Straßenbenennungen 109, Bü 1934, Beitrag „Neue Straßen – lebendige Geschichte" im NS-Kurier v. 9.6.1934.
83 StAM, Straßenbenennungen 40/56/a, Bü 1934, Unterlage zur Lageänderung v. „Einser Platz" u.

Für Köln sind die in Stuttgart und München feststellbaren Trends nur schwer nachzuvollziehen. Zum einen erfolgten dort von 1933 bis 1939 lediglich 51 Umbenennungen,[84] wobei die sinnfälligsten bereits unmittelbar nach Beginn der NS-Herrschaft vorgenommen worden waren. Zum anderen wurde am Rhein, wo aufgrund der bereits oben erwähnten regen Bautätigkeit ein dauernder Bedarf an Straßennamen bestand, eher nach pragmatischen Wegen gesucht. So stellte Marion Werner in ihrer Untersuchung über die Kulturgeschichte der Kölner Straßennamen fest, dass im Dritten Reich bei Neubenennungen die bereits in der Weimarer Republik eingeführte Cluster-Bildung von Straßennamen in bestimmten Vierteln beibehalten wurde.[85] Als Namensgeber dieser Jahre dienten in den Clustern germanische Gottheiten – diese Tradition wurde übrigens ebenfalls in der Weimarer Republik begründet –, Märchennamen sowie Orte, die bis zum Versailler Vertrag zum Deutschen Reich gehört hatten.[86] Von den Umbenennungen in Köln hatten hingegen 54 Prozent einen nationalsozialistischen Bezug, 38 Prozent einen nationalistischen, vier Prozent einen kolonialistischen und weitere vier Prozent eine revanchistische Spitze gegen die Auswirkungen des Versailler Vertrages.[87]

In Stuttgart sah sich die Verwaltung 1935 erstmals technischen Schwierigkeiten durch die zahlreichen Umbenennungen in den Vorjahren gegenüber. „Die Umbenennung der Straßen ganzer Stadtteile hat zur Folge", beklagte sich das Städtische Vermessungsamt, „daß die beim Vermessungsamt vorrätigen Pläne dieser Stadtteile nicht mehr verwertet werden können und die neuen Straßennamen [...] handschriftlich eingetragen werden müssen."[88] Das Statistische Amt wies gegenüber den Verwaltungsbeiräten der Stadt darauf hin, dass angesichts „von rund 400 Straßen mit Doppelnamen [...] die Verhältnisse kaum übersehen werden können."[89] Konkret ging es bei der Besprechung mit den Verwaltungsbeiräten um die Erstellung eines neuen Adreßbuches,[90] die sich offenbar als sehr schwierig erwies. Mit

---

„Schlageterplatz", ohne Datum u. Antrag d. „Vereinigung ehemaliger Angehöriger des 8. Bayerischen Infanterieregiments" v. 24.2.1934.
84 Werner: 21.
85 Ebd., 71.
86 Ebd.
87 Ebd., 23.
88 StAS, Straßenbenennungen 109, Bü 1935, Schreiben d. Städt. Vermessungsamtes Stuttgart an d. Statistische Amt d. Stadt Stuttgart v. 26.11.1935.
89 Ebd., Auszug aus d. Niederschrift über die Beratung mit d. Verwaltungsbeiräten v. 25.7.1935.
90 Ebd.

insgesamt 52 Neu- und Umbenennungen[91] fielen denn die Aktivitäten auf diesem Gebiet 1935 auch geringer aus. In nur wenigen Fällen wurde dabei auf die Verwaltungsempfehlung von 1933 zurückgegriffen. Mit Graf Spee, Admiral Scheer und Großadmiral Tirpitz fungierten drei weitere Symbolfiguren des Ersten Weltkriegs als Namensgeber und einmal sogar der deutsche Kreuzer „Emden" der kaiserlichen Kriegsmarine dafür.[92] Straßenbenennung nach einem Vertreter der NS-Bewegung erfolgte 1935 nur eine. Die „Stuttgarter Straße" im Stadtteil Weil im Dorf wurde noch im März nach dem tödlich verunglückten Hans Schemm benannt,[93] dem populären Reichswalter des NS-Lehrerbundes, bayerischen Kultusminister und Gauleiter des NSDAP-Gaus „Bayerische Ostmark". Eine Maßnahme, die dazu gedacht gewesen sein könnte, einerseits einen durch Eingemeindung entstandenen Doppelnamen zu beseitigen und gleichzeitig damit den bekannten NS-Politiker Schemm möglichst schnell zu würdigen, denn durch eine allzu prominente Lage zeichnete sich die „Hans-Schemm-Straße" nicht aus. Die Benennung einer Straße in Bad Cannstatt nach Adolf Stöcker wurde erstaunlicherweise ausschließlich mit dessen Rolle als Sozialpolitiker im Kaiserreich begründet[94] und nicht mit dessen antisemitischer Einstellung[95] im Zusammenhang gebracht, die immerhin einen offensichtlichen Anknüpfungspunkt an die NS-Ideologie gebracht hätte. Ein ähnlicher Sinnzusammenhang ergab sich bei der Benennung einer Straße nach dem „Nationalökonomen und Vorkämpfer einer schollengebundenen Bauernpolitik", Gustav Ruhland,[96] dessen Namensgebung Strölin der Landesbauernschaft Württemberg stolz mitteilte: Erst der Nationalsozialismus habe die Bedeutung Ruhlands richtig erkannt.[97]

Das Schreiben an die Landesbauernschaft bildete keine singuläre Erscheinung, sondern fügte sich ein in eine Reihe ähnlicher Briefe Strölins, die augenscheinlich dazu diente, Stuttgart in den führenden Kreisen des Reiches populärer zu machen und im Gespräch zu halten. So teilte Strölin die vier Straßenbenennungen „im Gedenken der heldenhaften Toten der Marine im Weltkrieg" dem Stuttgarter Vertreter des Marinevereins, aber vor allem dem Chef

---

91 Ebd., Amtsblatt d. Stadt Stuttgart v. 17.10.1935.
92 Ebd.
93 Ebd.
94 Ebd.
95 Craig, Gordon A.: Deutsche Geschichte 1866-1945. Vom Norddeutschen Bund bis zum Ende des Dritten Reiches, München 1980, 143.
96 StAS, Straßenbenennungen 169, Bü 1935, Amtsblatt d. Stadt Stuttgart v. 17.10.1935.
97 Ebd., Schreiben d. Stuttgarter OB an d. Landesbauernschaft Württemberg v. 23.10.1935.

der Kriegsmarine, Admiral Erich Raeder, mit: „Ich erlaube mir, hiervon Kenntnis zu geben und mit diesen Benennungen gleichzeitig die Verbundenheit der Stadt Stuttgart mit der neuen Kriegsmarine zum Ausdruck zu bringen."[98] Gleichzeitig bemühte sich Strölin in diesem Rahmen, das Profil Stuttgart als „Stadt der Auslandsdeutschen" zu schärfen. In einem Schreiben ans DAI betonte Strölin, er habe im Stadtteil Bad Cannstatt eine Straße „nach der deutschen Stadt Dirschau im polnischen Korridor, ‚Dirschauer Straße' benannt. Zusammen mit den Namen „Bromberger, Gnesener, Graudenzer und Thorner Straße in jener Stadtgegend soll diese Namensgebung das Andenken an diese Städte bewahren und auch die kommenden Geschlechter noch an das Deutschtum dieser Städte erinnern."[99] Und in einem Schreiben an den Schweizer Konsul in Stuttgart griff er sogar über die Landes- und Reichsgrenzen hinaus: „Im Gedenken der mannigfachen kulturellen, wirtschaftlichen und persönlichen Beziehungen, die die Stadt Stuttgart mit den Nachbarstädten der Schweiz verbinden, habe ich bei den diesjährigen Straßenbenennungen drei neue Strassen […] nach weiteren bekannten Schweizer Namen benannt, nämlich […] Rütlisstrasse, Winkelriedstrasse, Gottfried-Keller-Strasse."[100]

Diese Geste Strölins, die unter den NS-Kommunalpolitikern seinesgleichen sucht, lässt einen Blick auf die Schweizpolitik der Nationalsozialisten und die besondere Rolle Stuttgarts darin hilfreich erscheinen. Selbstverständlich sollten DAI und der Titel „Stadt der Auslandsdeutschen" in Kombination mit einer direkten Verbindung nach Berlin für eine überregionale politische Plattform Stuttgarts sorgen.[101] Obwohl sich die Schweiz aufgrund der geografischen Nähe als erster Anknüpfungspunkt anbot, erwies sich dies dennoch als schwierig. In der dortigen starken deutschen Kolonie mit engen Bindungen zu Deutschland hatte sich 1932 eine NSDAP-Landesgruppe unter dem Schweriner Wilhelm Gustloff gegründet, der 1917 wegen eines Lungenleidens in die Schweiz gekommen war und in Davos am Physikalisch-Meteorologischen Forschungsinstitut arbeitete. Das rührige Bestreben des fanatischen Hitler-Anhängers, die NS-Ideologie mit aller Macht in der deutschen Kolonie auf eine breite Basis zu setzen, sorgte regelmäßig für Unruhe in seinem Gastland. 1935 lud der Bundesrat Gustloff sogar

---

98 Ebd., Schreiben d. Stuttgarter OB an d. Marineverein Stuttgart v. 21.10.1935 u. d. Chef d. Kriegsmarine v. 21.10.1935.
99 Ebd., Schreiben d. Stuttgarter OB an d. DAI Stuttgart v. 23.10.1935
100 Ebd., Schreiben d. Stuttgarter OB an d. Schweizer Konsul in Stuttgart v. 23.10.1935.
101 Vgl. Müller: Stuttgart, die Stadt der Auslandsdeutschen, 292.

wegen dessen politischen Aktivitäten vor und erteilte ihm eine Ermahnung.[102] Da die Schweiz eine gemeinsame Grenze mit Deutschland besaß und über einen beachtlichen deutschsprachigen Bevölkerungsanteil verfügte, darf davon ausgegangen werden, dass sie auf die NSDAP-Aktionen innerhalb ihrer Staatsgrenzen besonders empfindlich reagierte. Aus dieser Sicht könnte das Schreiben Strölins an den Schweizer Konsul auch als Versuch gedeutet werden, das Verhältnis zur Schweiz zu verbessern. Bemerkenswert ist in diesem Zusammenhang auch, dass Stuttgart während der Kriegsjahre als Anlaufstelle der Schweizer diente, die ihre Heimat verließen, um auf deutscher Seite zu kämpfen – in aller Regel durch Eintritt in die Waffen-SS.[103] Ein Schweizer Kriegsfreiwilliger beschrieb die Atmosphäre, die 1940/41 dort herrschte, mit folgenden Worten: „Der Saal in Stuttgart war jeweils dekoriert [...] An der Wand eine große rote Fahne mit dem Schweizerkreuz, wobei an den Enden des vertikalen Balkens noch je ein Hakenkreuz dazukam. In die Fahne eingestickt war ein Sinnspruch, das Motto des ‚Bundes': Wir Schweizer werden ewig Deutsche sein."[104]

In München waren für 1935 insgesamt 158 Umbenennungen vorgesehen[105] – eine deutlich höhere Anzahl als in Stuttgart. In qualitativer Hinsicht unterschieden sich die Namensgebungen jedoch kaum, sieht man von lokalen Aspekten wie der „Ernst-Poehner-Str." in München ab, die nach dem Polizeipräsidenten der Stadt von 1919-1921 benannt wurde, der, so OB Fiehler in seiner Begründung, „ein Wegbegleiter und Vorkämpfer des Dritten Reiches"[106] gewesen sei. So erfolgte zum Beispiel auch in München die obligatorische Umbenennung einer Straße nach Hans Schemm.[107] Den Rest bildeten Straßennamen nach Städten, die durch den Versailler Vertrag verloren gegangen waren, mit Bezug zu den früheren deutschen Kolonien, zum Grenzverlauf bis 1919, nach Orten im deutschsprachigen Teil Rumäniens sowie mit Bezug zum Ersten Welt-

---

102 Neue Züricher Zeitung v. 5.2.1986: „Vor fünfzig Jahren. Die Ermordung Wilhelm Gustloffs in Davos."
103 Dies lag daran, dass die Waffen-SS bei der Anwerbung v. Auslandsdeutschen u. ausländischen Freiwilligen sich nicht an die v. d. Wehrverwaltung vorgegebenen Kontingente zu halten hatte u. sich die Freiwilligen, da es sich bei der Waffen-SS formal um eine Parteigliederung handelte, im Zweifelsfall darauf berufen konnten, nicht in die Armee eines fremden Staates eingetreten zu sein, was den sofortigen Verlust der Schweizer Staatsbürgerschaft bedeutet hätte. [Anm. d. Verf.]
104 Reichlin, Linus: Kriegsverbrecher Wipf Eugen. Schweizer in der Waffen-SS, in deutschen Fabriken und an den Schreibtischen des Dritten Reiches, Zürich 1994, 117.
105 StAM, Straßenbenennungen 40/57, Bü 1935, Vorlage d. Ref. VII/1a f. d. Beiräte f. Verwaltungs-, Finanz- u. Baufragen v. 24.10.1935.
106 Ebd., Beschluss d. Oberbürgermeisters v. 30.4.1935.
107 Ebd., Schreiben d. Ref. VII a ans Stadtbauamt v. 5.3.1935.

krieg.[108] Ergänzend dazu wurde auf Namen aus Wagner-Opern – was ebenfalls eher einen lokalen Aspekt darstellte – und der germanischen Sagenwelt zurückgegriffen.[109] Interessant: Bei den Namen mit Kolonialbezug handelte es sich um den ersten Gouverneur von Deutsch-Ostafrika, Rudolf von Bennigsen, Theodor Leutwein, den ersten Gouverneur von Deutsch-Südwestafrika, und Otto Friedrich von der Gröben, den Gründer des preußischen Stützpunktes in Westafrika, Groß-Friedrichsburg, der 1683 gegründet worden war.[110] Offenbar beabsichtigten die Nationalsozialisten an der Isar auch die Benennung einer Straße nach Karl May. Zumindest lässt ein Antwortschreiben des Stadtarchivs, in dem darauf hingewiesen wird, dass May rehabilitiert sei und immerhin auch Adolf Hitler Bücher dieses Schriftstellers besitze, auf diese Absicht schließen.[111] Ein kurzes Fazit des Vergleichs von Stuttgart und München bei den Straßenbenennungen 1935: Während Stuttgarts Stadtspitze versuchte, durch eine politische Systematisierung der Benennungen zusammen mit einer Bewerbung ihrer Kommune ein geschärftes Profil zu verleihen, genügte es in München offenbar, die für alle Städte in etwa gleichlautenden Vorgaben für Straßennamen umzusetzen und ansonsten auf den neu verliehenen Titel der „Hauptstadt der Bewegung" zu vertrauen. Stets muss im Falle Münchens aber darauf hingewiesen werden, dass wegen der direkten Einbindung Hitlers die Stadtführung nicht unabhängig in ihren Entscheidungen war. Entscheidungs- und aktionsfreudig war sie wohl durchaus, wie das Umbenennungsprogramm von 1935 dokumentiert.

Völlig andere Entwicklungen waren hingegen in diesem Zeitraum in Köln zu finden. Dort verband sich mit den Straßenbenennungen keine Absicht, sich innerhalb des Reiches als weitere Symbolstadt NS-Deutschlands hervorzuheben. Zu beobachten waren hier vielmehr ein deutlicher Rückgang der Straßennamen mit wirtschaftlichem Bezug – von zehn Prozent im Zeitraum von 1933 bis 1944[112] und ein noch stärkerer bei den Namen mit religiösen Bezügen: von dreizehn auf drei Prozent im oben genannten Zeitraum.[113] Mochte die erstgenannte Entwicklung mit dem Fehlen einer spezifizierten Ökonomielehre der Nationalsozialisten erklärbar sein, wie Marion Werner es tut,[114] so war die

---
108 Aufzählung nach ebd., „Münchner Neueste Nachrichten" v. 22.6.1935.
109 Ebd.
110 Ebd.
111 StAM, Straßenbenennungen 40/57, Bü 1935, Schreiben d. Stadtarchivs an d. Amt d. Oberbürgermeisters v. 28.1.1935.
112 Werner: 131.
113 Ebd., 148.
114 Ebd., 131.

antireligiöse Zielrichtung bei den Straßenneubenennungen mit Sicherheit ein weiterer Ausdruck der antikirchlichen Politik der Nationalsozialisten, die auf allen Gebieten des öffentlichen Lebens hervortrat. Dass sich diese Politik in Köln, einer der Hochburgen des Katholizismus, besonders manifestierte, ist deshalb nicht verwunderlich. Dass sie in dieser Form im ebenfalls katholischen München fehlte – bis 1935 sind zumindest keine Straßenbenennungen in dieser Richtung zu beobachten –, dürfte damit zu erklären sein, dass es den Nationalsozialisten offenbar nicht opportun erschien, die Öffentlichkeit in der „Hauptstadt der Bewegung" mit bewussten Aktionen gegen die katholische Kirche zu provozieren. Im protestantischen Stuttgart ergab sich die Problematik ohnehin nicht, hier wurde im Gegenteil versucht, wie am Beispiel der Straßenbenennungen nach Ulrich von Hutten und Philipp Melanchton[115] ersichtlich, die Reformatoren als Vorkämpfer einer deutschnationalen und völkischen Weltanschauung für den Nationalsozialismus nutzbar zu machen.[116] Genauso wie in Stuttgart und München oder anderen Städten wurden in Köln zum Beispiel dem von der kaiserlichen Regierung entlassenen und von den Nationalsozialisten rehabilitierten Kolonialdespoten Carl Peters und Adolf Lüderitz, Begründer der deutschen Kolonie Togo, eigene Straßen zuerkannt[117] – ein Vorgang, der wiederum einem allgemeinen Trend entsprach.

Im Jahr 1936 – drei Jahre, nachdem Strölin den noch inoffiziellen Titel zum ersten Mal benutzt hatte – genehmigte Hitler der Stadt Stuttgart, die Bezeichnung „Stadt der Auslandsdeutschen" offiziell zu tragen. Strölins Bemühungen, dieses Ziel noch vor der im selben Jahr geplanten Enthüllung des „Ehrenmals der Deutschen Leistung im Ausland" zu erreichen, war somit von Erfolg gekrönt. Ob der Erfolg dem Stuttgarter OB jedoch persönlich zu verdanken war, sei dahingestellt. So könnte Hitlers Entschluss von der Ermordung des Schweizer NSDAP-Auslandsorganisationsleiters Wilhelm Gustloff beeinflusst gewesen sein, die zeitweise die Aufmerksamkeit des Diktators auf die NSDAP-AO und deren Leiter Bohle lenkte.[118] Zum anderen bot sich die Hervorhebung Stuttgarts mit diesem Ehrentitel auch an, um die Stadt an die Tradition des liberal-demokratischen DAI anzubinden, auch wenn diese durch die nationalsozialistische Übernahme längst Makulatur war. Fest steht: Mit der Verleihung des Ehrentitels

---

115 StAS, Straßenbenennungen 109, Bü 1935, Amtsblatt d. Stadt Stuttgart v. 17.10.1935.
116 Werner: 147.
117 Honold, Alexander: Afrika in Berlin – Ein Stadtviertel als postkolonialer Gedächtnisraum, http.\\www.freiburg-postkolonial.de\Seiten\Honold-Berlin.htm, letzter Zugriff am 3.11.2009.
118 Müller: Stuttgart, die „Stadt der Auslandsdeutschen", 295.

ging ein lang gehegter und zwischen Stadtführung und Gauleitung gleich lautender Wunsch in Erfüllung, dem Strölin ein umfangreiches Aktionsprogramm folgen lassen wollte.[119]

Auch in den Straßenbenennungen sollte sich dieses Programm niederschlagen, wie aus einem Sitzungsprotokoll der Verwaltungsbeiräte hervorgeht: „Es wäre erwünscht gewesen, wenn im Zusammenhang mit der Einweihung des ‚Ehrenmals der Deutschen Leistung im Ausland' im August des Jahres eine Stadtgegend mit auslandsdeutschen Namen hätte geschaffen werden können. Das Gebiet bei der Funkerkaserne in Bad Cannstatt sei dazu ausersehen, jedoch sei der Stadtplan noch nicht so weit fortgeschritten, dass eine Straßenbenennung habe erfolgen können."[120]

Aus Gründen, die nicht unmittelbar aus den Quellen hervorgehen, wurden die neuen Bad Cannstatter Straßen im Einzugsbereich um die Funkerkaserne schließlich nach Schlachtenorten des Weltkrieges benannt und zwar fast ausschließlich nach denjenigen, die bereits für die Wege des Ehrenfriedhofs des siebten württembergischen Infanterieregiments benutzt worden waren: Somme-, Lütticher-, Namur-, Antwerpener-, Flandern-, Ypern-, Kemmelberg-, Arras-, Verdun-, Argonnen-, Masuren-, Karpaten- und Tannenbergstraße. Sie sind übrigens so gut wie vollständig noch heute im Stadtbild erhalten. Bei den Benennungen des Jahres 1936 setzte Strölin seine im Vorjahr begonnene Angewohnheit fort, hohe Dienststellen von Staat und Partei in persönlichen Schreiben über die Namensgebungen in Kenntnis zu setzen. So unterrichtete er über die Bad Cannstatter Aktion den Kommandeur des V. Armeekorps[121], aber auch den Reichskriegsminister.[122] Attribute an die „Stadt der Auslandsdeutschen" gab es indes nur zwei: den „Brukenthalweg" in der Nähe des Ehrenmals, benannt nach dem deutschen Gouverneur von Siebenbürgen, Samuel Freiherr von Brukenthal, und die „Kattowitzer Straße" in Bad Cannstatt – die ursprünglich dort gelegene „Danziger Straße" hatte sich durch die am 3. Juni 1934 entstandene „Danziger Freiheit" erledigt. Über beide Benennungen wurde das Deutsche Ausland-Institut in Kenntnis gesetzt.[123]

---

119 Ebd., 296.
120 StAS, Straßenbenennungen 110, Bü 1936, Auszug a. d. Niederschrift mit den Verwaltungsbeiräten v. 28.7.1936.
121 Ebd. u. Schreiben d. Stuttgarter OB an d. Kommandierenden General des V. Armeekorps, General d. Infanterie Geyer.
122 Ebd., Schreiben d. Stuttgarter OB an d. Reichskriegsminister Generalfeldmarschall v. Blomberg v. 27.11.1936.
123 Ebd., Schreiben d. Stuttgarter OB an das Deutsche Ausland-Institut v. 28.11.1936.

Diese Praxis, „alle in Betracht kommenden Stellen durch besondere Schreiben von den Benennungen in Kenntnis" zu setzen, „insbesondere bei Schlachten des Ersten Weltkriegs", hatte Strölin Ende August zur Pflicht für die Stuttgarter Behörden erhoben.[124] Das selbe Schreiben enthielt auch die Anweisung, die Straßenbenennungen im aktualisierten Adressbuch des Jahres 1937 ausführlich zu erläutern.[125] Die Information der relevanten Stellen erfolgte konsequent und ohne Ausnahme: So erhielt der Reichskolonialbund Kenntnis von den drei weiteren Kolonialstraßennahmen im Stadtteil Obertürkheim: „[Carl-] Peters-Straße", „Lüderitzstraße" und „Tangastraße".[126] Hitlers Kanzlei erhielt die Nachricht über die Benennung einer Straße nach Hitlers tödlich verunglücktem Kampfgefährten und Fahrer Julius Schreck.[127] Mitteilung über den „Herbert-Norkus-Platz", nach einem 1932 bei Straßenkämpfen in Berlin ums Leben gekommenen Hitlerjungen, bekamen der zuständige Gebietsführer der Hitlerjugend und der HJ-Bann 119.[128] Die Nachricht über die Benennung der „Litzmannstraße" nach dem Weltkriegsgeneral und „einem der treuesten Vorkämpfer der nationalsozialistischen Bewegung" erhielt dessen Sohn, Staatsrat und SA-Führer im Generalsrang, Karl Siegmund Litzmann.[129] Auch zwei Straßenbenennungen nach Industriellen, August Borsig und Friedrich Krupp, wurden als wichtig genug erachtet, um die jeweiligen Unternehmen davon in Kenntnis zu setzen.[130]

Mit deutlich politischem Hintergrund wurden die Straßenbenennungen nach den Städten Coburg und Nürnberg sowie dem in Niedersachsen gelegenen Bückeberg vorgenommen. Wie Strölin der NSDAP-Kreisleitung in einem Schreiben versicherte,[131] sollten diese Straßen „mit der Geschichte der Bewegung in Verbindung stehen", mit dem „denkwürdigen Zug der NSDAP nach Koburg im Oktober 1922", mit der Stadt der Reichsparteitage und mit dem Schauplatz des alljährlichen Reichserntedankfestes. Lohnend ist angesichts dieser Tatsache ein Blick auf die Straßennamen, die den oben genannten Umbenennungen

---

124 Ebd., Schreiben d. Stuttgarter Stadtrechtsrates a. d. Statistische Amt v. 27.8.1936.
125 Ebd.
126 Ebd., Schreiben d. Stuttgarter OB an den Gauverbandsleiter des Reichskolonialbundes v. 28.11.1936.
127 Ebd., Schreiben d. Stuttgarter OB an die Kanzlei d. Führers u. Reichskanzlers v. 28.11.1936.
128 Ebd., Schreiben d. Stuttgarter OB an den Gebietsführer der Hitlerjugend u. d. HJ-Bann 119 v. 28.11.1936.
129 Ebd., Schreiben d. Stuttgarter OB an Staatsrat Litzmann v. 28.11.1936. Nach Litzmann wurde im Zweiten Weltkrieg sogar die polnische Stadt Lodz von den Nationalsozialisten benannt. [Anm. d. Verf.]
130 Ebd., Schreiben d. Stuttgarter OB an die Borsig Lokomotiv-Werke GmbH u. die Friedrich Krupp AG v. 28.11.1936.
131 Ebd., Entwurf eines Schreibens d. Stuttgarter OB an die Kreisleitung der NSDAP Stuttgart, ohne Datum.

teilweise zum Opfer fielen. Die „Julius-Schreck-Straße" beispielsweise trat an die Stelle der „Adolf-Gröber-Straße", womit der Name eines herausragenden Zentrumpolitikers im Stadtbild getilgt wurde, die „Litzmannstraße" an die der „Friedrich Payer-Straße", benannt nach dem württembergischen Politiker, der 1917/18 auch Stellvertreter des Reichskanzlers gewesen war.[132] Die „Josenhansstraße" und die nach dem katholischen Sozialpolitiker benannte „Adolf-Kolping-Straße" hatten zusammen der „Theodor-Fritsch-Straße" zu weichen.[133] Fritsch war der 1933 gestorbene Verfasser des „Handbuchs der Judenfrage", in dem die Nationalsozialisten naturgemäß einen ideologischen Mitstreiter sahen. Was bereits für Köln herausgearbeitet wurde, ist somit am Beispiel der genannten Straßennamen auch für Stuttgart noch einmal exemplarisch nachvollziehbar: die totale Durchideologisierung des öffentlichen Raums[134] und die Tilgung politisch, religiös oder rassisch missliebiger Personen darin.[135]

Zu einigen dieser Entscheidungen wurden Strölin und die Stadtverwaltung allerdings propagandistisch aufgefordert, auch wenn die Quellen keine gesicherte Aussage darüber zulassen, von wem der Druck ausging, und ob dieser Strölins Meinung oder der Meinung des Stadtrats nur lediglich anschob. Auf jeden Fall kritisierte die „Württembergische Landeszeitung" in einer bissigen Glosse, dass den Schwaben nachgesagt werde, sie begriffen manche Dinge langsamer, weswegen es in Stuttgart wohl immer noch Straßen gebe, die nach Männern benannt seien, „die uns heute nicht mehr so bedeutend erscheinen, als ob sie dieser Ehre unbedingt teilhaftig werden müßten."[136] Im Einzelnen ging es der Zeitung dabei um den „jüdischen Komponisten Gustav Mahler", um Kolping, Gröber, den früheren Werkbund-Vorsitzenden Bruckmann und einen Mediziner mit Namen Arnold Cahn, „dessen Name uns nicht so deutsch vorkommt, daß man nicht einmal in den Registern der Standesämter nachsehen könnte, ob die arische Großmutter fehlt."[137] Wer genau hinter der Initiative der Zeitung stand, die immerhin einen ranghohen NS-Kommunalpolitiker harscher öffentlicher Kritik unterzog, kann nur vermutet werden. Zumindest sah sich Strölin bereits wenige Wochen später dazu veranlasst, der „Württembergischen

---

132 Ebd., Amtsblatt d. Stadt Stuttgart v. 28.11.1936.
133 Ebd.
134 Werner: 30.
135 Ebd., 27.
136 StAS, Straßenbenennungen 110, Bü 1936, Ausschnitt a. d. „Württembergischen Landeszeitung" v. 1.8.1936.
137 Ebd.

Landeszeitung" zu versichern, ihren „Anregungen" folgen und alle beanstandeten Straßennamen beseitigen zu wollen.[138] Zusätzlich zu den bereits erwähnten Umbenennungen wurde deshalb Gustav Mahler gegen Albert Lortzing ausgetauscht, lediglich der „Bruckmannweg" blieb wegen der Verdienste des Namensträgers um den Neckarkanal zunächst bestehen.[139] Ergänzend bediente sich Stuttgart bei seinem umfangreichen Benennungsprogramm in diesem Jahr aus dem reichhaltigen Fundus von Flurnamen, Begriffen aus Flora, Geografie und Sagenwelt sowie der Opernwelt, ohne sich dabei aber wie in München zu sehr auf die Werke Richard Wagners zu konzentrieren.[140] Zudem gelang es, die Systematisierung der Straßenbenennungen in Stuttgart entscheidend voranzubringen: In den Stadtteilen Gablenberg, Gaisburg, Untertürkheim, Wangen, Hedelfingen, Obertürkheim und Kaltental wurden alle Doppelnamen beseitigt, Namensgruppen in den Stadtvierteln eingeführt und die Ausfall- und Verkehrsstraßen einheitlich nach den Orten benannt, in deren Richtung sie liefen.[141] Das zentrale politische Ziel Strölins und der Parteigremien jedoch, den frisch erworbenen NS-Ehrentitel Stuttgarts im öffentlichen Raum stärker in Erscheinung treten zu lassen, wurde noch nicht erreicht.

Vielmehr wies Stuttgart bei seinen Straßenbenennungen 1936 bemerkenswerte Parallelen zu München auf. So erhielten auch dort General Litzmann und der Bückeberg eigene Straßen, und mit der „Irminsulstraße" wurde ein tiefer Rückgriff auf das germanische Brauchtum unternommen.[142]

Drei weitere Münchener „NS-Märtyrer" – Hans Eberhard Maikowski, Oskar Korner und Daniel Sauer – wurden darüber hinaus bedacht sowie sechs Personen, die beim Kampf gegen die Räteherrschaft als Geiseln genommen und am 30. April 1919 von Rotgardisten im Münchener Luitpoldgymnasium hingerichtet worden waren: Fritz Linnenbrügger, Anton Daumenlang, Hella von Westarp, Walter Deike, Walter Hindorf und Walter Nauhaus sowie Freiherr Franz Karl von Tauchert.[143] Waren die Genannten auch im Einzelfall kaum als Nationalsozialisten im Sinne der 30-er Jahre zu bezeichnen, so waren sie als Opfer des „roten Terrors" in den Augen der Nationalsozialisten doch so weit

---

138 Ebd., Entwurf eines Schreibens d. Stuttgarter OB an d. Schriftleitung d. „Württembergischen Landeszeitung" v. 25.8.1936.
139 Ebd.
140 Ebd., Amtsblatt d. Stadt Stuttgart v. 28.11.1936.
141 Ebd.
142 StAM, Straßenbenennungen 40/56, Bü 1936, Entscheidung d. OB über Straßennamen v. 13.8.1936.
143 Ebd.

geadelt, dass ihnen im Dritten Reich dauerhafte Erinnerungsplätze zugewiesen werden konnten. Im Falle Hella von Westarps kam wegen ihrer Mitgliedschaft in der Thule-Gesellschaft sogar ein gewichtiger ideologischer Aspekt hinzu, den die Thule-Gesellschaft zum Anlass nahm, sich bei OB Fiehler – „Lieber Parteigenosse und Thulebruder" – ausdrücklich zu bedanken.[144] Genauso wie in Stuttgart wurde ferner eine Straße nach Julius Schreck benannt, eine nach Hitlers Sommersitz in den Alpen, dem Obersalzberg, zwei nach Heerführern des Ersten Weltkrieges, Generaloberst Alexander von Kluck und General von Einem sowie eine nach dem vor kurzem tödlich verunglückten Luftwaffengeneral Walter Wever, und schließlich wurde die Absicht umgesetzt, eine Straße nach Karl May zu benennen.[145]

Im selben Jahr begannen sich die Nationalsozialisten in München einem Thema zuzuwenden, das weder sie noch ihre Kollegen in Stuttgart und Köln bislang mit solcher Konsequenz verfolgt hatten, der systematischen Eliminierung von Straßen, bei deren Benennung Personen jüdischen Glaubens Pate gestanden hatten. Eine erste Auswahl führte folgende Straßennamen auf, die offenbar in den Augen der Nationalsozialisten zweifelsfrei nach Juden benannt waren: „Eichthalstraße", „Herrmann-Levi-Straße", „Mahler-Straße", „Meyerbeer-Straße", „Paul-Heyse-Straße" und „Trautmannstraße".[146] Zusätzlich enthielt die Liste die „Dunantstraße", die „Lenardstraße", die „Neustätter Straße", die „Riglheim-Straße", den „Isabella-Braun-Platz" und die „Witti-Straße", wobei die Vermerke beziehungsweise Nichtvermerke neben diesen Straßennamen darauf schließen lassen, dass die Namensgeber in diesen Fällen für die Nationalsozialisten entweder nicht als jüdisch galten oder eine Umbenennung aus anderen Gründen heraus nicht opportun erschien. Beispielsweise hätte das Verschwinden der „Dunantstraße", nach dem Schöpfer des Rotkreuzgedankens benannt, angesichts der Bedeutung der Organisation für die deutsche Aufrüstung wohl kaum das richtige Signal gegeben.[147] OB Fiehler forderte in diesen Fragen jedoch einwandfreie Klarheit und Eindeutigkeit und wies deshalb zum Jahresende das Referat VII seiner Stadtverwaltung an, zu prüfen, ob Straßen

---

144 Ebd., Straßenbenennungen 40/60, Bü „Straßenbennungen 1936", Dankschreiben d. Thule-Gesellschaft an OB Fiehler v. 25.8.1936.
145 Ebd., „Ergänzungen und Berichtigungen" zu d. Straßenbenennungen 1936 d. Stadtarchivs f. d. Ref. VIII v. 22.3.1937.
146 Ebd., Aufstellung „Nach Juden bzw. Halb-Juden benannte Straßen", ohne Datum.
147 Vgl. Poguntke, Peter: Gleichgeschaltet. Rotkreuzgemeinschaften im NS-Staat, Köln u.a. 2010, 119f.

vorhanden seien, „die nach Juden benannt wurden und deren Umbenennung in Erwägung zu ziehen wären („Mendelssohnstraße")."[148] Eine ähnliche Anweisung hatte Fiehler schon ein dreiviertel Jahr zuvor für Straßenbenennungen nach Schriftstellern erlassen: „Für die Beurteilung von Schriftstellern haben sich seit der nationalsozialistischen Revolution neue Wertmesser durchgesetzt. Damit ich Mißgriffe [...] vermeiden kann, ersuche ich, mir diejenigen Schriftsteller mitzuteilen, deren Werke aus politischen oder literarischen Gründen aus den städtischen Bibliotheken ausgeschieden wurden."[149] Der Politik, die Namen der NS-Märtyrer und Idole der Partei in den Außenbezirken zu konzentrieren, blieb Fiehler mit derselben Gründlichkeit treu. So bekam auch München seinen „Herbert-Norkus-Platz" sowie einen „Johann-Rickmers-Platz", benannt nach einem beim Putschversuch vom 9. November 1923 ums Leben gekommenen Angehörigen des „Bundes Oberland", – allerdings in neuen so genannten Reichskleinsiedlungen im Norden der Stadt. Diesen neu errichteten Wohnquartiere, die als Arbeitersiedlungen auch als Aushängeschild für die kommunale Sozialpolitik hergenommen werden konnten, wollte Fiehler die Namen der „Gefallenen der Bewegung" vorbehalten und lehnte daher auch Vorschläge wie „Standartenstraße" oder „Sturmbannstraße" strikt ab.[150]

In Köln erhielten die Straßenumbenennungen in dieser Zeit einen deutlich kulturpolitischen Aspekt, den Werner auf den Punkt „Mittelalter statt Renaissance"[151] gebracht hat. Personen und Begriffe aus dem Protestantismus wurden als Vorläufer der deutschnationalen Sache instrumentalisiert – in Fortsetzung des bereits oben erläuterten Bemühens der Nationalsozialisten, den Katholizismus zurückzudrängen – und daneben Dichter der deutschen Romantik, des deutschen Nationalismus und Namen aus dem Germanentum verwendet.[152] Diese kulturkämpferische Komponente mit ihrer explizit antikatholischen Ausprägung erscheint bei den Straßenumbenennungen im Dritten Reich somit als lokale Ausprägung, was aber nicht bedeuten soll, dass die antikirchliche Politik nicht andernorts auch zum Ausdruck gekommen wäre. Gleichfalls wie in Stuttgart und München wurden in Köln die Namen jüdischer Persönlichkeiten

---

148 StAM Straßenbenennungen 40/60, Bü „Straßenbenennung 1936", Schreiben v. OB Fiehler ans Ref. VII v. 21.12.1936.
149 Ebd., Schreiben d. Ref. VII/41 an d. Direktion d. Städt. Bibliotheken v. 16.3.1936.
150 Ebd., Sitzungsprotokoll d. Ref. VII/40 über d. gemeinsame Sitzung v. Stadtrat u. Verwaltung zu Straßenbenennungen v. 3.8.1936.
151 Werner: 171.
152 Ebd.

gelöscht: Salomon Oppenheim, Heinrich Heine, Ferdinand Hiller, Felix Mendelssohn, Jacques Offenbach wichen Arthur Schnitzler, Franz Liszt und Johannes Brahms.[153]

Einstweilen verfolgte die Münchner Stadtverwaltung diesen Punkt mit großer Vehemenz und Gründlichkeit weiter. Anfang 1937 teilte das Referat VII dem Oberbürgermeister mit, dass die „systematische Überprüfung" von Straßen und Plätzen mit jüdischen Namensgebern in Arbeit sei, aber länger dauern werde.[154] Noch seien deshalb die „Mendelssohnstraße" und die „Neustätterstraße" unverändert geblieben.[155] OB Fiehler dauerten diese Vorgänge offenbar zu lange, denn Ende April 1937 verfügte er, die noch strittigen Straßen umzubenennen[156] und knapp drei Wochen später, die Überprüfung der Straßennamen „auf andere politisch bedenkliche Namen zu erstrecken."[157] Vier Monate später meldete das Stadtarchiv Vollzug in dieser für den Oberbürgermeister offenbar so dringenden Angelegenheit, wies aber darauf hin, dass angesichts der Menge der zur prüfenden Straßennamen und der teils schwierigen Recherche sich „das Ende einer solchen Sache nicht absehen läßt."[158] Als Beispiele für die „teils schwierige Recherche" führte das Stadtarchiv die Fälle des Münchener Theaterintendanten Ernst von Possart, „dem zwar jüdische Abkunft nachgesagt wird", diese sich aber nicht nachweisen lasse, sowie des Dirigenten Hermann Levi an.[159] Interessant ist vor allem die Argumentationsführung in Levis Fall, die in der Tat schließlich zur vorläufigen Beibehaltung des Straßennamens führte[160], obwohl er unzweifelhaft jüdischen Glaubens war. Der erste Dirigent des „Parsifal" wurde mit zahlreichen Belegen für die hohe Wertschätzung, die er bei Richard Wagner genoss, aus der Schusslinie genommen. So befinden sich in der Anlage dieses Vorgangs zahlreiche Briefe des Komponisten an Levi, vor allem aber das berühmte Telegramm Wagners an Levi vom 30.6.1881, indem er Levi versicherte, nachdem dieser wegen wiederholter antisemitischer Angriffe das Land verlassen hatte: „Für alle Fälle sind Sie mein Parsifal-Dirigent."[161]

---

153 Ebd., 29.
154 StAM, Straßenbenennungen 40/60, Bü „Straßenbenennungen 1936", Mitteilung d. Ref. VII an den Münchener OB v. 5.1.1937.
155 Ebd.
156 Ebd., OB-Beschluss zur Straßenumbenennung v. 29.4.1937.
157 Ebd., Anweisung d. OB ans Stadtarchiv v. 15.5.1937.
158 Ebd., Schreiben d. Stadtarchiv München an d. Ref. VII v. 14.9.1937.
159 Ebd.
160 Ebd.
161 StAM, Straßenbenennungen 40/60, Bü „Straßenbenennungen 1936", Schreiben d. Stadtarchiv München an d. Ref. VII v. 14.9.1937.

In Stuttgart war diese Diskussion Anfang 1937 bereits so gut wie erledigt. In einer Sitzung der Verwaltungsbeiträte konnte Stadtrat Gustav Asmuss melden, dass es „jetzt nur noch die ‚Pflaumstraße' und die ‚Eduard-Pfeiffer-Straße' gebe, die nach Juden benannt seien."[162] Weitaus mehr Aufmerksamkeit hatte die Stuttgarter Stadtverwaltung dem nach wie vor vorhandenen Problem der Doppelnamen zu widmen, die durch die Eingemeindungen der vergangenen Jahre entstanden waren: Mit Stand vom 9. März 1937 konnten seit 1933 400 Umbenennungen als erledigt betrachtet werden, 350 standen noch aus.[163] 234 Neu- und Umbenennungen bildeten schließlich die Bilanz des Jahres 1937 auf diesem Gebiet.[164]

Die aus rassischen Gründen beanstandeten „Pflaumstraße" und „Eduard-Pfeiffer-Straße" hießen von diesem Zeitpunkt an „Leibnizstraße" und „Remscheider Straße"[165] – ein Beleg übrigens auch dafür, dass wie in München und Köln ebenfalls in Stuttgart Straßen mit jüdischen Namensgebern kompromisslos umbenannt wurden, jedoch mit den neuen Namen nicht immer gleich nationalsozialistische Kontrapunkte gesetzt wurden. Dazu drückte in Stuttgart zu sehr das Problem der Doppelnamen, dessen Lösung sich oftmals auch politisch-ideologische Aspekte wie die Tradition einzelner Stadtteile unterzuordnen hatten. So hatte eine ganze Reihe alter Straßennamen in Bad Cannstatt, darunter Namen wie „Schillerstraße", „Uhlandstraße", „Moltkestraße" und „Bismarckstraße" einer Auswahl zu weichen, die der neuen Stuttgarter Praxis entsprach, „jeweils eine bestimmte Stadtgegend mit sachlich zusammengehörigen Straßennamen zu versehen"[166], bei der sich jedoch die Verbundenheit zum Stadtteil nicht jedem gleich erschloss. Von 66 Neubenennungen bezogen sich 22 auf Badeorte in Deutschland beziehungsweise auf Kurbäder (Marienbad, Karlsbad) im Sudetenland.[167] Diese Praxis stieß nicht auf große Gegenliebe. „Es geht jedem Cannstatter schwer ein, daß ausgerechnet Bad Cannstatt mit den Straßen um sein Bad und seinen Kursaal herum eine Dauerreklame für 23 andere Bäder treiben soll", hieß es in einem Beitrag der „Cannstatter Zeitung", betitelt mit „Zur Straßentaufe in Bad Cannstatt – Einwände und Bedenken", „Wir sind auch

---

162 StAS, Straßenbenennungen 111, Bü 1937, Auszug aus d. Niederschrift über d. Beratung mit d. Verwaltungsbeiräten v. 19.1.1937.
163 Ebd., Auszug aus d. Niederschrift über d. Beratung mit d. Verwaltungsbeiräten v. 9.3.1937.
164 Ebd., Amtsblatt d. Stadt Stuttgart v. 16.11.1937.
165 Ebd.
166 Ebd.
167 Ebd.

der ketzerischen Meinung, daß bei einigem Nachforschen sich für die meisten der eingeführten neuen Straßennamen solche mit Beziehungen zu Cannstatt hätten finden lassen."[168] Mit diesen kritischen Worten schien sich der Verfasser des Artikels zu weit aus dem Fenster gelehnt zu haben. Auf jeden Fall musste er in einem Schreiben an Oberbürgermeister Strölin einen Rückzieher machen, nachdem er vom städtischen Nachrichtenamt erfahren hatte, dass seine Veröffentlichung dessen „Missfallen" erregt hatte: „Es tut mir dies außerordentlich leid, zumal es mir keineswegs darum ging, die Stadtverwaltung anzugreifen, sondern ich mich mehr oder weniger gezwungen sah, der Stimmung, die in dieser Angelegenheit in Bad Cannstatt herrscht, wenigstens teilweise Ausdruck zu verleihen."[169] Aber auch Widerspruch aus den Reihen der Bürgerschaft kam vor, wenngleich dieser ebenso wenig ideologisch motiviert war, wie der in dem Zeitungsartikel zum Ausdruck gebrachte. In einem Brief an Strölin, in dem es um die Umbenennung der Cannstatter „Turmstraße" in „Tuchmachergasse" geht, hieß es: „Die Anwohner verkennen nicht die Gründe, welche die Stadtverwaltung zu der allgemeinen Straßen-Umbenennung veranlasst haben [...] Doch glauben sie, darauf hinweisen zu dürfen, daß die Umbenennung der ‚Turmstraße' [...] nicht dem Sinn und Ehrgefühl der Anwohner entspricht."[170] Auch parteiintern war das Vorgehen der Stadtverwaltung nicht unumstritten: „Es ist mir sehr peinlich", beklagte sich der NSDAP-Ortsgruppenleiter von Uhlbach bei der Stadt, „wenn ich den Volksgenossen keinerlei Auskunft geben kann und selbst nur zufällig und keineswegs einwandfrei höre, daß anscheinend eine ganze Anzahl Straßen jetzt andere Namen erhalten haben sollen."[171]

Der Gesamtüberblick über die Stuttgarter Straßenbenennungen des Jahres 1937 offenbart immer noch einige politische Komponenten. Im alten Stuttgarter Stadtgebiet gab es zwar außer der Umbenennung der bereits erwähnten „Pflaumstraße" keine weitere mehr, in Bad Cannstatt, wo die meisten Umbenennungen stattfanden, erhielt aber die ebenfalls bereits erwähnte „Pfeiffer"-Straße einen neuen Namen, und es gab lediglich drei weitere Benennungen („Oberschlesische Straße", „Tarnowitzer Straße" und „Hultschiner Straße") nach Gebieten und Städten, die durch den Versailler Vertrag verloren gegangen waren.[172] In Feuerbach fungierten hingegen Industrielle (Mauser, Magirus

---

168 StAS, Straßenbenennungen 111, Bü 1937, Sonderdruck d. „Cannstatter Zeitung" v. 19.11.1937.
169 Ebd., Schreiben d. Cannstatter Zeitung an OB Strölin v. 23.11.1937.
170 Ebd., Schreiben d. Anwohner d. Bad Cannstatter „Turmstraße" an OB Strölin v. 24.11.1937.
171 Ebd., Anfrage d. NSDAP-Ortsgruppe Uhlbach an d. Stadtverwaltung Stuttgart v. 2.11.1937.
172 Ebd., Amtsblatt d. Stadt Stuttgart v. 16.11.1937.

und Diesel) sowie 15 (!) Burgen, Schlösser und Burgruinen als Namensgeber.[173] In Gaisburg konzentrierte sich die Namensgebung auf Höhenzüge, in Heumaden wurden bevorzugt Bezeichnungen mit lokalem Bezug verwendet, in Hofen kam der „Forellenweg".[174] Im Stadtteil Obertürkheim wiederum wurde konsequent die Politik fortgesetzt, die Straßen nach Kolonien beziehungsweise deutschen Kolonisatoren zu benennen, indem die bereits festgelegten Namen „Lettow-Vorbeck-Straße", „Wißmann-Straße" und „Leutweinstraße" eingeführt wurden.[175] Bei General Paul von Lettow-Vorbeck handelte es sich um den früheren Kommandeur der deutschen Schutztruppe in Deutsch-Ostafrika, das Herrmann von Wißmann einst für Deutschland erworben hatte. Theodor von Leutwein war Gouverneur von Deutsch-Südwestafrika gewesen. Der Doppelnamenbereinigung hatte unter anderem der „Hindenburgplatz" im Stadtteil Rohracker zu weichen, denn einen Platz dieses Namens gab es ja bereits am Hauptbahnhof. Nach Bad Cannstatt war Sillenbuch am heftigsten von der Umbenennungswelle 1937 betroffen. In dem jetzigen Stadtteil Stuttgarts war der Nationalsozialismus konsequent im Stadtbild verankert worden, was es nun notwendig machte, zahlreiche Namen wieder zu streichen und durch adäquate Bezeichnungen zu ersetzen. So entfielen eine „Horst-Wessel-Straße", eine „Dietrich-Eckart-Straße", eine „Hans-Schemm-Straße", eine „Hindenburgstraße"', eine „Adolf-Hitler-Straße" und ein „Adolf-Hitler-Platz".[176] Als Ersatznamensgeber für die beiden letztgenannten wurde auf Hitlers Geburtsort zurückgegriffen, wie auch ausdrücklich im Amtsblatt betont wurde: „Braunauer Straße" und „Braunauer Platz".[177] Ansonsten sorgten die Kampfflieger des Ersten Weltkriegs, Max Immelmann, Oswald Boelcke, Rudolf Berthold, Ernst Böhme und Günther Plüschow sowie die im Ersten Weltkrieg gefallenen Dichter Hermann Löns und Walter Flex für Ersatz.[178] Nach den preußischen Historikern Heinrich von Treitschke und Leopold von Ranke wurden „Saarstraße" und „Birkenstraße" umbenannt[179] – sicher nicht aus politischen Gründen, sondern weil „Saarstraße" und „Birkenstraße" bereits im Stadtgebiet vorkamen. Zumindest finden sich in den Erläuterungen von OB Strölin zu den Straßenbe-

---

173 StAS, Straßenbenennungen 111, Bü 1937, Amtsblatt d. Stadt Stuttgart v. 16.11.1937.
174 Ebd.
175 Ebd.
176 Ebd.
177 Ebd.
178 Ebd.
179 Ebd.

nennungen 1937 keine Hinweise darauf, dass sich mit den Benennungen nach Treitschke und Ranke weitergehende Absichten verknüpft hätten.[180] Anleihen beim Mittelalter nahm die Stadtverwaltung in Untertürkheim, wo fünf neue Straßen nach „altdeutschen Vornamen", eine nach Kaiser Friedrich Barbarossa und eine nach dem Sachsenherzog Widukind benannt wurden.[181] Im Stadtteil Weil im Dorf, wo aufgrund des starken Siedlungsbaus ein steter Bedarf an Straßennamen herrschte, entfielen von 38 Neu- und Umbenennungen allein 17 auf die Zeit Friedrichs des Großen sowie die Befreiungskriege und den Sieg des Großen Kurfürsten über die Schweden bei Fehrbellin.[182] Aber auch die Tradition von Bauernkriegen und -aufständen wurde abermals vereinnahmt, wie die „Bundschuhstraße" nach dem Symbol der aufständischen Bauern von 1525, die „Rathgebstraße" nach dem Bauernführer und die „Stedinger Straße" nach den Stedinger Bauern, die sich 1234 gegen Papst Gregor IX. erhoben hatten, belegen.[183] Gewissermaßen abgerundet wurde diese Auswahl durch die „Sickingenstraße", benannt nach dem aufrührerischen Reichsritter Franz von Sickingen[184] – ein ähnlicher Fall wie die bereits oben erwähnten Benennungen nach Ulrich von Hutten oder Florian Geyer. Auf rein geografische Begriffe wie Städte- und Flurnamen beschränkten sich die Umbenennungen in Zuffenhausen.[185] Hinter der dortigen Beseitigung der „Kirchstraße" gleich eine bewusste antireligiöse Aktion der Nationalsozialisten zu sehen, wie sie für Köln klar erkennbar sind, wäre wohl verfehlt. Denn, wie bereits oben dargelegt, bestanden in Stuttgart lange Zeit etliche „Kirchstraßen" parallel zueinander, und dass sich die Nationalsozialisten einen Ersatznamen mit direkt religiösem Bezug ausdachten, war nicht zu erwarten. Ähnliches kann auch für den Fall der „Klostergasse" in Bad Cannstatt angenommen werden, deren Umbenennung in „Pfleghof" sogar an die einstige Tätigkeit der Beginen, der dortigen Klosterschwestern, unmittelbar erinnerte.[186]

Eines steht auf jeden Fall nach dieser Betrachtung fest. Eine signifikante Profilierung Stuttgarts als „Stadt der Auslandsdeutschen" fand 1937 in den Straßenbenennungen keinen Niederschlag, auch wenn das DAI Oberbürgermeister

---

180 Ebd.
181 Ebd., Niederschrift „Straßenbenennungen 1937" v. OB Strölin v. 13.11.1937.
182 StAS, Straßenbenennungen 111, Bü 1937, Amtsblatt d. Stadt Stuttgart v. 16.11.1937.
183 Ebd.
184 Ebd.
185 Ebd.
186 Ebd.

Strölin mit martialischen Worten für seine Bemühungen dankte: „Das Deutsche Ausland-Institut hat mit besonderer Befriedigung Kenntnis genommen von der im Zuge der diesjährigen Straßenbenennungen erfolgten Verleihung von auslandsdeutschen Städtenamen an eine Reihe von Straßen. Es ist besonders zu begrüßen, daß die im harten Kampf stehenden Volksgruppen der Sudetendeutschen [gemeint sind Marienbad und Karlsbad, Anm. d. Vf.] und Südtiroler [in Uhlbach wurden sechs Straßen nach Orten dieser Provinz benannt, Anm. d. Vf.] dabei berücksichtigt wurden. Mehr als dies äußerlich sichtbar wird, trägt solche Handlungsweise und solches Gedenken der Stadt der Auslandsdeutschen zur moralischen Rückensteifung der auslandsdeutschen Kampfgruppen bei."[187]

Der Hauptgrund für die mangelnde Durchsetzungskraft der Stadtführung lag im Bedeutungsverlust der NSDAP-Auslandsorganisation (AO), des Verbündeten der „Stadt der Auslandsdeutschen", zugunsten der „Volksdeutschen Mittelstelle" (VOMI), die unter Kontrolle der SS stand. Nach Gründung dieser Einrichtung im Januar 1937 beschränkte sich die Zuständigkeit der AO nur noch auf die im Ausland lebenden Bürger des Deutschen Reiches und nicht mehr auf alle Auslandsdeutschen überhaupt, also auch nicht mehr auf die deutschen Volksgruppen in anderen Staaten. Die Begriffe „volksdeutsch" und „auslandsdeutsch" wurden nicht mehr als Synonyme verwendet.[188] Für die „Stadt der Auslandsdeutschen" ging diese Entwicklung mit einem spürbaren Verlust an Bedeutung und Einfluss einher, den Oberbürgermeister Strölin durch andere Veranstaltungen und Maßnahmen zumindest äußerlich zu kompensieren suchte. Sichtbarer Ausdruck seines Erfolgs waren dabei die Jahrestagungen von AO und DAI, die nun immer in Stuttgart stattfanden. Stuttgart beanspruchte aber mehr: Es wollte auslandsdeutsches Bildungszentrum, auslandsdeutsche Tagungszentrale und das auslandsdeutsche Fremdenverkehrszentrum im Reich sein.[189] Alle diese Perspektiven verengten sich schlagartig, als die VOMI ihren Betrieb aufnahm und sie Hitler schließlich noch am 2. Juli 1938 „mit der einheitlichen Ausrichtung sämtlicher Staats- und Parteistellen sowie mit dem einheitlichen Einsatz der in sämtlichen Stellen zur Verfügung stehenden Mittel für Volkstums- und Grenzlandfragen"[190] betraute. Leichter war es da für die Stadt Stuttgart, plakative politische Akzente im Straßenbild außerhalb dieses Themenfeldes zu set-

---

187 StAS, Straßenbenennungen 111, Bü 1937, Schreiben d. DAI an OB Strölin v. 25.11.1937.
188 Vgl. Müller: Stuttgart, die „Stadt der Auslandsdeutschen", 299.
189 Ebd., 296.
190 Ebd. 290.

zen, beispielsweise mit der demonstrativen Umbenennung des Marienplatzes in „Platz der SA" aus Anlass „der ersten nationalsozialistischen Kampfspiele im Bereich der SA-Gruppe Südwest."[191]

Eine Ende des Jahres 1937 herausgegebene Übersicht[192] über alle Straßenbenennungen ab 1934 erlaubt eine Bilanz, in welchem Umfang die nach der „Machtergreifung" der Nationalsozialisten aufgestellten Empfehlungen der Stadtverwaltung für die Namen von Straßen und Plätzen nach 1933 noch umgesetzt wurden.[193] Danach gab es nur noch sieben Benennungen mit unmittelbar nationalsozialistischem Hintergrund beziehungsweise mit Beziehung zu Personen, die in ideologischer Verwandtschaft zu den Nationalsozialisten gesehen wurden. Zwei Straßen wurden nach Stuttgarter Toten der NS-Bewegung benannt, 14 nach Schlachtorten, Feldherrn und Helden des Ersten Weltkriegs. Zwölfmal wurde auf Motive der preußischen Militärgeschichte überhaupt zurückgegriffen, viermal auf die ehemaligen deutschen Kolonien. Begriffe aus dem „baltischen Auslandsdeutschtum", so wie es 1933 definiert worden war, waren nicht mehr auszumachen, so dass als Vergleich die Umbenennungen nach Orten und Regionen herangezogen werden sollen, die im Versailler Vertrag verloren gegangen waren: Es handelte sich dabei nur um sieben Namensbenennungen. Zusammengenommen erfolgten in den Jahren 1934 bis 1937 also 46 Umbenennungen mit unverkennbar ideologischem Hintergrund. Gemessen an einer Gesamtzahl von 414 Umbenennungen bedeutet dies also einen Satz von nicht einmal zehn Prozent. Hinzu kommt, dass diese Benennungen bevorzugt an Orten im Stadtgebiet erfolgten, wo Doppelbenennungen zu beseitigen waren, also gewissermaßen ein unbedenkliches Namenspotenzial als Ersatz zur Verfügung stehen musste. Daraus lassen sich zwei Folgerungen ableiten: Erstens, die wesentliche politische Besetzung des öffentlichen Raums war in Stuttgart bis Ende 1933 schon in weiten Teilen abgeschlossen. Zweitens, die Stadtführung verfolgte mit ihrer Straßenbenennungspolitik ihre eigene Linie, um Stuttgart zu profilieren. Es liegt auf der Hand, dass diese nur in Verbindung mit dem Titel und dem Anspruch „Stadt der Auslandsdeutschen" stehen konnte, auf den sich Stuttgart ab 1934 vorbereitete, bei dem sich die Stadt 1936 am Ziel der Wünsche wähnte, ein Jahr später aber schon dem Scheitern gegenübersah.

---

191 StAS, Straßenbenennungen 111, Bü 1937, Entschließung Nr. 146/1 d. OB Strölin v. 10.7.1937.
192 Ebd., Übersicht der Straßenbenennungen in den Jahren 1934-1937 d. Statistischen Amtes d. Stadt Stuttgart, ohne Datum.
193 Alle Angaben nach ebd.

3. Radikalisierung: 1938 – 1939

Ab der Jahreswende 1937/38 bis zum Beginn des Zweiten Weltkriegs am 1. September 1939 sieht die Forschung übereinstimmend eine innen- und außenpolitische Radikalisierung des NS-Regimes, die Martin Broszat als „zweite Etappe der nationalsozialistischen Revolution"[194] bezeichnet hat. Ihren Ausdruck fand diese Radikalisierung in einer Ausschaltung der noch im Amt verbliebenen nationalkonservativen Kräfte – so wurde beispielsweise Reichaußenminister Konstantin von Neurath durch Joachim von Ribbentrop ersetzt – und in einer Politik, in der zunehmend die ideologischen Elemente des Nationalsozialismus in den Vordergrund traten. Beispiele hierfür sind die immer aggressiver werdende Expansionspolitik des Deutschen Reiches, gipfelnd im „Anschluss" Österreichs und der Zerschlagung der Tschechoslowakei, sowie die immer heftigeren Repressalien gegen die Juden in Deutschland. Die Ablösung von Neuraths bedeutete für Stuttgart und seine Rolle als „Stadt der Auslandsdeutschen" einen herben Rückschlag, besaß doch Oberbürgermeister Strölin einen engen direkten Kontakt zu dem Minister, der neben der AO als wichtigster Bündnispartner in Berlin gelten konnte. Nun war von Neurath aus seinem Amt entfernt worden und die AO hatte, wie schon ausgeführt, entscheidend an Bedeutung verloren.

Es ist daher nicht verwunderlich, dass die Stadtverwaltung begann, in dem „Anschluss" Österreichs im Frühjahr 1938 neue Möglichkeiten zu sehen. „Uns oblag bisher die Aufgabe", hieß es in einem Zeitungsartikel, „Verbindung zu halten mit den deutschen Brüdern und Schwestern in Österreich. Wir haben den Freiheitskampf der Ostmark gegen ihre Unterdrücker als unsere eigene Sache angesehen."[195] Oberbürgermeister Strölin nutzte den „Anschluss" und den Besuch Hitlers in Stuttgart – dieser befand sich auf der Rückreise von Österreich – zu einem propagandistischen Coup: Er benannte 20 Straßen nach Regionen und Städten Österreichs[196], deren Namen er nicht nur am Tage des Hitler-Besuches bekannt geben wollte, sondern auf die er Hitler auch noch in seiner Begrüßungsrede hinweisen wollte.[197] Konzentriert wurden diese Straßen im Stadtteil Feuerbach: „Wiener Straße", „Wiener Platz", „Linzer Straße", „Salzburger Straße", „Halleiner Straße", „Wachaustraße", „Steiermärker Straße", „Grazer Straße",

---

194 Broszat, Martin: Der Staat Hitlers, München ⁹1981, 381.
195 StAS, Straßenbenennungen 112, Bü 1938, Beitrag „Straßennamen grüßen Österreich" im NS-Kurier v. 1.4.1938.
196 Ebd., Amtsblatt der Stadt der Auslandsdeutschen v. 2.4.1938.
197 Ebd., Schreiben v. OB Strölin an Reichsstatthalter u. Gauleiter Murr v. 28.3.1938.

„Kärntner Straße", „Klagenfurter Straße", „Villacher Straße", „Burgenlandstraße", „Eisenstädter Straße", „St. Pöltener-Straße", „Leobener Straße", „Bregenzer Straße", „Bludenzer Straße", „Dornbirner Straße", „"Kremser Straße" und „Pöchlarner Straße".[198] Ergänzend wurde noch eine Aufstellung derjenigen zehn Straßen veröffentlicht, die in den vergangenen Jahren „als Zeichen der Verbundenheit mit den damals noch um ihre Freiheit kämpfenden Österreichern" Namen aus dem früheren Nachbarland erhalten hatten.[199]

Der Zeitungsbericht über den Besuch Hitlers in Stuttgart enthält einige Hinweise auf die Rolle der Stadt als „Stadt der Auslandsdeutschen", die augenscheinlich ein enges Verhältnis zu Hitler und eine herausragende Rolle Stuttgarts unter den deutschen Städten suggerieren sollten. „Stuttgart", so Strölin in seiner Rede, „ist von Ihnen auch als Stadt der Auslandsdeutschen bestimmt worden. [...] In den Tagen, in denen Sie Großdeutschland schufen, wurde uns von den Auslandsdeutschen immer wieder der Wunsch übermittelt: ‚Wenn wir doch die geliebte Stimme unseres Führers hören könnten.' Ich glaube daher, in Ihrem Sinne zu handeln, wenn ich unseren auslandsdeutschen Volksgenossen 100 Gemeinschafts-Übersee-Empfänger übersende."[200] Hitler betonte im Gegenzug, „daß Stuttgart als die Stadt der Auslandsdeutschen ganz besonders aufgeschlossen sei für die Schaffung des großdeutschen Reiches."[201] Und OB Strölin schloss seine Erklärung zu den Straßenbenennungen mit den Worten: „Möge das Band immer fester werden, das in den Tagen des Kampfes und der Unterdrückung Österreichs zwischen Stuttgart als Stadt der Auslandsdeutschen und dem deutschen Volk in Österreich geschlossen worden ist."[202] Für diese Propaganda-Aktion waren sogar einige Straßennamen aufgegeben worden, die durchaus ins Bild passten, so zu Beispiel die „Moltkestraße", die „Bismarckstraße" oder die „Sedanstraße" und „Metzstraße", nach entscheidenden Schlachtorten und Siegen im deutsch-französischen Krieg 1870/71.[203]

In München und Köln spielte diese österreich-bezogene „symbolische Etablierung einer symbolischen Ortsbezogenheit"[204] bei weitem keine so große Rolle. In Köln schlug sich gleichwohl die ab 1938 zunehmende Radikalisierung des NS-

---

198 Ebd., Amtsblatt der Stadt der Auslandsdeutschen v. 2.4.1938.
199 Ebd.
200 StAS, Straßenbenennungen 112, Bü 1938, Amtsblatt der Stadt der Auslandsdeutschen v. 2.4.1938.
201 Ebd.
202 Ebd.
203 Ebd.
204 Werner: 8.

Systems ebenfalls im Stadtbild und den Straßennamen nieder, fand aber einen völlig anderen Ausdruck. Das Jahr 1938 bildete in der Domstadt den Höhepunkt der Umbenennungswelle in den Jahren des Dritten Reiches, wobei mehr als 25 Prozent auf militärische Führer entfielen, was Marion Werner als gezielte Politik der Kriegsvorbereitung gedeutet hat.[205] Eine Auffassung, die allerdings durch die Tatsache zu relativieren ist, dass die Benennung von Straßen und Plätzen nach Schlachten und Militärs des Ersten Weltkriegs sowie der Befreiungskriege schon ab 1933 eingesetzt hatte und seitdem konsequent fortgesetzt worden war.

Im Vordergrund stand in den beiden Vergleichsstädten Stuttgarts vielmehr ein Thema, das in Stuttgart zu diesem Zeitpunkt bereits im wesentlichen erledigt war und deswegen keine Rolle mehr spielte, die Beseitigung von Straßen und Plätzen mit jüdischen Namensträgern. Die Münchener Stadtführung hatte ja bereits ab 1936 Aktivitäten auf diesem Gebiet entfaltet, die nun dem Erlass des Reichsinnenministeriums vom 27. Juli 1938 in die Hände spielten, wonach alle nach Juden und Halbjuden benannten Straßen und Plätze mit sofortiger Wirkung umzubenennen waren.[206] Dieser Erlass enthielt auch genaue Verfahrensanweisungen, wie in Zweifelsfällen zu verfahren sei: „Es ist die Reichsstelle für Sippenforschung um entsprechende Auskunft zu ersuchen."[207] Zudem durften die „Straßenschilder mit jüdischen Namen nicht, wie dies sonst bei Straßenumbenennungen üblich ist, noch längere Zeit neben den neuen belassen werden."[208] Der Reichsführer SS, Heinrich Himmler, seit 1936 Chef der deutschen Polizei und in dieser Funktion am Verwaltungsprozess der Straßenbenennung beteiligt, sah sich sogar zu einer Erläuterung des Erlasses gezwungen, um anscheinend befürchteten Überaktivitäten zuvorzukommen: „Eine Änderung der Straßennamen, in denen das Wort ‚Jude' in der Zusammensetzung mit einer Wegbezeichnung vorkommt und bei denen einer derartigen Wegbezeichnung historische Bedeutung beizumessen ist, ist nicht beabsichtigt."[209]

Oberbürgermeister Fiehler nahm diese zentralen und reichsweit geltenden Anweisungen zum Anlass, seine Maßnahmen gegen nach Juden benannte Straßen noch einmal voranzutreiben. In einer Vorlage an die Beiräte für Ver-

---

205 Ebd., 26.
206 StAM, Straßenbenennungen 40/62/d, Bü, „Nach Israeliten benannte Straßen in der Hitlerzeit", Erlass d. Reichsinnenministeriums v. 27.7.1938.
207 Ebd.
208 Ebd.
209 Ebd., Erläuterung des Chefs der Deutschen Polizei zum Erlass des Reichsinnenministeriums v. 29.10.1938.

waltungs-, Finanz- und Baufragen wurden als noch strittige Fälle die „Eichtalstraße", „Meyerbeerstraße", „Beerstraße", „Trautmannstraße", „Herrmann-Levi-Straße" sowie die „Klara-Viebig-Straße" aufgeführt.[210] Fiehler hatte dazu, um die Wichtigkeit des Vorgangs und sein gründliches Vorgehen zu betonen, die Stellungnahme von Hitler-Stellvertreter Rudolf Heß eingeholt. Heß vertrat die Ansicht, dass in allen genannten Fällen Umbenennungen vorzunehmen seien, nur im Fall der „Trautmannstraße" eine Umwidmung auf den Münchener Heimatforscher Karl Trautmann genüge, um hier den Aufwand der Umbenennung zu ersparen.[211] Auch Herrmann Levi habe nun zu weichen: An seine Stelle trete Brangäne, die Begleiterin Isoldes aus der germanischen Sage und Wagner-Oper.[212] Von den weiteren 16 Neubenennungen des Jahres 1938 entfiel eine auf die Truppengattung der Funker [besteht heute noch, Anm. d. Vf.], eine auf die im Ersten Weltkrieg hart umkämpfte Lorettohöhe bei Arras [besteht heute noch, Anm. d. Vf.], eine auf die oberschlesische Stadt Königshütte, vier auf verstorbene NSDAP-Stadträte, eine auf den Waffenkonstrukteur Herrmann Gruson [den Vorschlag hatte die Heeresstandortverwaltung gemacht, die Straße besteht heute noch, Anm. d. Vf.], die „Reitschulstraße" nach der dort gelegenen Hauptreitschule der SS, eine auf den verstorbenen SS-Führer Axel Holst und eine – wie in Stuttgart – auf die einstige preußische Westafrikakolonie Großfriedrichsburg.[213] Aufgegriffen wurde in diesem Zusammenhang auch das Problem der bisher zurückgestellten „Paul-Heyse-Straße", benannt nach einem, wie es in der Sprache der Nationalsozialisten hieß, Halbjuden. Dieses wurde aber erneut vertagt und sollte bis Kriegsbeginn nicht geklärt werden können.[214] Der Vorschlag des Münchener Stadtarchivs, die Straße nach dem preußischen Historiker Heinrich von Treitschke mit der Begründung zu benennen, Treitschke sei „ein scharfer Gegner des Judentums"[215] gewesen, wurde von OB Fiehler mit dem Argument zurückgewiesen, das Wort „Treitschke" sei für den „Münchener Volksmund schwer auszusprechen."[216]

---

210 Ebd., Straßenbenennungen 40/62/f, Bü 1938, Vorlage d. Dez. VII/41 an d. Beiräte f. Verwaltungs-, Finanz- u. Baufragen, ohne Datum; Klara Viebig war mit einem Juden verheiratet [Anm. d. Vf.].
211 Ebd.
212 Ebd., OB-Entscheidungen v. 21.4. u. 9.6.1938 über Straßenumbenennungen.
213 StaM, Straßenbenennungen 40/62/f, Bü 1938, OB-Entscheidungen v. 21.4. u. 9.6.1938 über Straßenumbenennungen.
214 Ebd., Straßenbenennungen 40/62/d, Bü „Nach Israeliten benannte Straßen in der Hitlerzeit", Beratungssache f. d. Beiräte f. Verwaltungs-, Finanz- u. Baufragen v. 1.6.1939.
215 Ebd.
216 Ebd.

Bis Kriegsbeginn konzentrierten sich die Münchener NS-Kommunalpolitiker auf die wenigen noch verbliebenen Straßennamen mit jüdischen Namensgebern. Eine zeitlich nicht genau zuzuordnende Liste führte dazu folgende Namen auf: „Paul-Heyse-Straße", „Heckscher-Straße", „Maron-Straße", „Königswarter Straße", „Hofmannsthal-Straße", „Possartstraße" und „Possartplatz".[217] Konnte im Falle des Mediziners August Heckscher noch schnell eine plausible Lösung in Gestalt der Umbenennung in „Artus-Straße" gefunden werden[218] – in der gesamten Nachbarschaft gab es Straßennamen nach Figuren aus Wagner-Opern –, gestaltete sich dies bei den anderen Namen wesentlich komplizierter. So lief im Falle Possarts schon seit rund einem Jahr ein Überprüfungsverfahren bei der Reichsstelle für Sippenforschung, dessen Abschluss zum Zeitpunkt der Beratungen im Juni 1939 immer noch in Aussicht war.[219] Zudem waren die „Königbauerstraße", die „Neustätter Straße" und die „Gustav-Mahler-Straße" umbenannt worden[220], ein Schritt, den OB Fiehler offenbar getan hatte, um keinen Zweifel aufkommen zu lassen, den Erlass des Reichsinnenministeriums in der „Hauptstadt der Bewegung" mit aller Konsequenz umsetzen zu wollen. Aufgrund des Drucks, den er sich nun bei der Umsetzung des Erlasses selbst auferlegte, und der Pflicht, mit Hitler alle Straßenbenennungen abstimmen zu müssen, hatte sich Fiehler in eine Zwickmühle begeben, die sein Dezernat VII/13 wie folgt beschrieb: „Die Um- und Neubenennung von Straßen bereitet in letzter Zeit immer größere Schwierigkeiten. So ist einerseits die Umbenennung von Straßen, die nach Juden und jüdischen Mischlingen 1. Grades benannt sind [...] bindend vorgeschrieben. Andererseits ist nach der VO vom 1.4.1939 für jeden neuen Straßennamen die Zustimmung des Führers notwendig. Der Führer hat aber in letzter Zeit wiederholt Straßenumbenennungen abgelehnt."[221] Im Einzelnen hatten sich Hitlers Ablehnungen nach den Akten der Stadtverwaltung auf die „Treitschkestraße" – hier empfahl Hitler die „Johann-Strauss-Straße" – und die „Artus-Straße" bezogen.[222] Diesen Umständen ist es auch zu verdanken, dass im Fall Paul Heyse nie mehr ein Fortschritt in den Augen der Nationalsozialisten zu erzielen war. Auf ein Schreiben an Hitlers Kanzleichef Hans-Heinrich Lammers kurz vor Kriegsbeginn erhielt die Münchener Stadtführung nach dem Ende des Polenfeld-

---

217 Ebd., „Liste ohne Datum von noch nicht umbenannten Straßen mit Judennamen", ohne Datum.
218 Ebd., Beratungssache f. d. Beiräte f. Verwaltungs-, Finanz- u. Baufragen v. 1.6.1939.
219 Ebd., Schreiben d. Dez. VII/13 an die Regierung v. Oberbayern v. 30.8.1938.
220 Ebd., Beratungssache f. d. Beiräte f. Verwaltungs-, Finanz- u. Baufragen v. 1.6.1939.
221 StAM, Straßenbenennungen 40/62/d, Bü, Schreiben d. Dez. VII/13 an OB Fiehler v. 18.7.1939.
222 Ebd.

zugs die Antwort: „Es ist zur Zeit nicht möglich, die Frage der Neubenennung Münchener Straßen beim Führer zum Vortrag zu bringen. Ich bitte Sie daher, die Angelegenheit zurückzustellen."[223] Und das, obwohl die Reichsstelle für ‚Sippenforschung im Mai 1939 nach langer Zeit zu dem Ergebnis gekommen war, dass „Ernst Ritter von Possart ein jüdischer Mischling 1. Grades war."[224] Ebenso schwierig gestaltete sich da die Umsetzung der ehrgeizigen Pläne Fiehlers, zwei Münchener Traditionsplätze, den „Maximiliansplatz" und die „Nördliche Auffahrtsallee" am Schloss Nymphenburg, nach dem italienischen Diktator Benito Mussolini und dem spanischen Diktator Francisco Franco umzubenennen – letzteres „als freundliche Geste gegenüber Spanien" und Hommage an die „Legion Condor", die deutsche Hilfstruppe für Franco im spanischen Bürgerkrieg.[225]

Ein hoher Bedarf an Straßennamen blieb in München ganz offensichtlich bestehen, denn im Sommer 1939 wandte sich das Hauptverwaltungsamt der Stadt an das Stadtarchiv mit der Bitte, geeignete Vorschläge bereitzustellen: „Bei der immer größeren Ausdehnung der Stadt und den zahlreichen neuen Straßen, die angelegt werden, stößt die Findung passender Straßennamen immer mehr auf Schwierigkeiten."[226] Parallel dazu zeigte sich die Stadtverwaltung weiter besorgt über die ideologische Unbedenklichkeit der bestehenden Namen und beauftragte das Stadtarchiv mit der Überprüfung sämtlicher Straßennamen im Stadtgebiet von München: „Es muß geprüft werden, ob die Straßennamen der nationalsozialistischen Geschichte und Weltanschauung entsprechen. Die jedem Straßennamen beigegebene Begründung wird bekanntlich im Adreßbuch veröffentlicht und ist daher der Allgemeinheit zugänglich. Nach dem heutigen Stand der Straßennamen und ihrer Begründungen können hieraus aber unter Umständen Schlüsse gezogen werden, die für München als Hauptstadt der Bewegung sehr peinlich werden können."[227] Als Beispiel für „peinliche" Schlüsse führte die Stadtverwaltung Namen an, die sich auf die Kirchengeschichte bezogen oder die Namen katholischer Heiliger enthielten.[228] Unbedenklich erschienen da die

---

223 Ebd., Antwort von Chef d. Reichskanzlei, Hans-Heinrich Lammers an den Münchener OB Fiehler v. 17.10.1939.
224 Ebd., Straßenbenennungen 40/64/1-21, Bü 1939, Schreiben d. Reichsstelle f. Sippenforschung an OB Fiehler v. 22.5.1939.
225 Ebd:, Straßenbenennungen 40/62/d, Bü „Nach Israeliten benannte Straßen in der Hitlerzeit", Schreiben v. OB Fiehler v. 25.5.1939.
226 Ebd., Straßenbenennungen 40/65/1-21, Bü 1939, Schreiben d. Hauptverwaltungsamtes ans Stadtarchiv München v. 8.7.1939.
227 StAM, Straßenbenennungen 40/65/1-21, Bü 1939, Schreiben d. Dez. VII/13 ans Stadtarchiv v. 14.7.1939.
228 Ebd.

Straßennamen der ersten Benennungswelle des Jahres 1939, die in den Stadtteilen Feldmoching und Ludwigsfeld vorgenommen wurde. Es handelte sich dabei um die „Georg-Sergel-Straße", benannt nach dem Sturmführer des SA-Sturms Freimann-Schleißheim, die „Franz-Xaver-Schwarz-Straße", benannt nach dem Reichsschatzmeister der NSDAP, die „Peter-Donnhäuser-Straße", benannt nach dem Führer der nationalsozialistischen Jugend des Sudetenlandes sowie 17 Straßen, die nach Orten im Sudetenland benannt waren[229], mit Sicherheit angeregt durch den „Anschluss" des Sudetengebietes nach dem Münchener Abkommen 1938. Das Bestreben Münchens, sich auch auf diesem Sektor als nationalsozialistische Musterstadt zu profilieren, in denen Straßennamen sich der Nationalsozialismus und seine Erfolge widerspiegeln sollten, lag also auf der Hand.

Die Ambitionen Stuttgarts waren zu diesem Zeitpunkt schon sehr eingeschränkt worden. Zwar fanden bis 1937/38 immer noch die Jahrestagungen der NSDAP-AO in Stuttgart statt, dennoch befand sich die Bedeutung der „Stadt der Auslandsdeutschen" in dieser Hinsicht zu diesem Zeitpunkt bereits im Schwinden. In der Halbierung der Zuständigkeit der AO zugunsten der VOMI und dem Beschluss, die nächste Jahrestagung in Graz abzuhalten, kam dies deutlich zum Ausdruck, auch wenn die letzte Konferenz von DAI' und AO am Neckar noch unter dem Motto stand „Großdeutschland von den österreichischen Alpenländern bis zum deutschen Meer." In Wirklichkeit rief der „Anschluss" Österreichs in Stuttgart erhebliche Bedenken hervor. Nach anfänglichen Propagandaveranstaltungen für die „Ostmark" gab die Stadtverwaltung ein Gutachten über die „Verkehrspolitische Bedeutung der Rückgliederung Österreichs und die Auswirkungen für Stuttgart" in Auftrag, das die Bedeutung der Stadt langfristig schwinden sah, weil die Hauptverkehrslinien und damit die Wirtschaftsströme wegen der neuen Geografie Deutschlands künftig an Stuttgart vorbeilaufen könnten.[230] Diese wenig optimistischen Zukunftsaussichten nahm die Stadt daraufhin zum Anlass, ihre daraus resultierenden Forderungen über das Propagandaministerium in Berlin anzumelden: Stuttgart wolle nicht zu einer „windstillen Ecke" werden, sondern erhebe den Anspruch, in die Liste der reichswichtigen Städte mit reichswichtigen Einzelaufgaben aufgenommen, bei der Vergabe von Großveranstaltungen bedacht zu werden, und schließlich als „Stadt der Auslandsdeutschen" in den entsprechenden Gremien des Reiches verankert zu sein.[231] Erfolge zeitigte

---
229 Ebd., Mitteilung d. Dez. VII/13 ans Stadtarchiv wegen Straßenbenennungen v. 24.5.1939.
230 Vgl. Müller: Stuttgart, die „Stadt der Auslandsdeutschen", 301.
231 Zitiert nach ebd., 302.

die Initiative nicht: Stuttgart gelangte weder auf die Liste der wichtigsten Städte und internationale Großveranstaltungen spielten wegen des Krieges ohnehin keine Rolle mehr. Die letzte Veranstaltung dieser Art, die Internationale Verkehrsausstellung, wurde 1940 in Köln abgehalten.

Die wegen des „Anschlusses" Österreichs und des darauf folgenden Hitler-Besuches in Stuttgart erfolgte Straßenumbenennungsaktion nach österreichischen Orten und Regionen blieb die einzige politisch bedingte in dieser Größenordnung. Weiter benannte OB Strölin 1938 aus Anlass der 95. Versammlung deutscher Naturforscher und Ärzte 19 Straßen nach deutschen Wissenschaftlern.[232] Darüber hinaus finden sich auf der Liste der Straßenbenennungen von 1938 zahlreiche Namen von Komponisten: Ludwig von Beethoven, Franz Schubert, Robert Schumann, Friedrich von Flotow, Eduard Grieg und Ernst Friedrich Kauffmann.[233] Da sich bei keinem der Genannten ein ideologischer Brückenschlag zum Nationalsozialismus aufdrängt, mag diese Tatsache auch die Umbenennung der „Heinrich-Heine-Straße" in „Richard-Wagner-Straße" von 1933 differenziert erscheinen lassen. Sollte mit Wagner ein signifikantes politisches Zeichen gesetzt werden oder wurde nur ein Komponist gewählt, dem im Wagner-Jahr 1933 ohnehin manche Ehrung erteilt wurde und der sich nachweislich Hitlers Wertschätzung erfreute, also keinen Anstoß erregen konnte? Die Frage ist aufgrund der Quellenlage nicht zweifelsfrei zu beantworten, es muss jedoch auch hier klar darauf hingewiesen werden, dass Stuttgart wie alle anderen Städte bei seinen Straßennamen lokale Spezifika aufarbeitete, andererseits aber auch einfach reichsweiten Trends folgte. Dies galt sogar bei den österreichischen Straßennamen. Die Stadt Heilbronn beispielsweise, von Bedeutung und Größe in der NS-Zeit Stuttgart nicht vergleichbar, benannte 26 Straßen nach Orten, Landschaften und Persönlichkeiten der „Ostmark".[234]

Ansonsten finden sich in Stuttgart für 1938 nur vereinzelt Umbenennungen nach den vorgegebenen Kategorien von 1933. So wurde die in Degerloch gelegene „Urbanstraße", welche die „Admiral-Scheer-Straße" mit der „Weddigen-Straße" verband, nach einem weiteren Marineoffizier benannt, dem Oberleutnant zur See Hans von Lody, der 1914 als deutscher Spion in London hingerichtet worden war.[235] Daneben wurden in sechs Fällen Namen mit Bezug zu

---

232 StAS, Straßenbenennungen 112, Bü 1938, Sonderdruck „Straßenbenennungen 1938" aus d. Amtsblatt der Stadt der Auslandsdeutschen Stuttgart am 17.9.1938, Nr. 108.
233 Ebd.
234 StAS, Straßenbenennungen 112, Bü 1938, Beitrag „Um- und Neubenennungen Heilbronner Straßen nach Städten und Gauen Österreichs" i. „Völkischer Beobachter" v. 12.4.1938.
235 Ebd:, Sonderdruck „Straßenbenennungen 1938" aus d. Amtsblatt der Stadt der Auslandsdeutschen

Elsaß-Lothringen vergeben, also mit Bezug zu einem Gebiet, das nach dem Ende des Ersten Weltkriegs wieder zurück zu Frankreich gekommen war.[236] Ebenfalls sechs Namen entfielen auf germanische Volksstämme und in den Fällen der „Felix- Dahn-Straße" und der „Adalbert-Stifter-Straße"[237] darf zumindest angenommen werden, dass die Nationalsozialisten in dem Schriftsteller und dem Dichter genügend patriotisches und heimatverbundenes Potenzial sahen, um beide für Benennungen auszusuchen. Von unzweifelhaft ideologischer Bedeutung waren natürlich die Straßenbenennungen nach dem eingegliederten Sudetenland und dem deutschen Gesandschaftsrat Ernst vom Rath[238], der in Paris dem Attentat eines deutsch-jüdischen Studenten zum Opfer gefallen war. Der Attentäter wollte damit gegen die willkürliche Abschiebung deutscher Juden polnischer Herkunft nach Polen demonstrieren. Wiederum Maßnahmen, die auch in anderen Städten, wie zum Beispiel in München, erfolgten.[239] Von außen an Strölin herangetragen wurde der Wunsch, der „Libanonstraße" im Stadtteil Gablenberg einen neuen Namen zu verleihen. Der Inspekteur der Ordnungspolizei, der dort seinen Amtssitz hatte, Oberst Ruoff, hatte dieses Anliegen geäußert[240], und Strölin hatte daraufhin „anlässlich des einmütigen Bekenntnisses der Deutschen in Österreich zu Führer und Reich" die Umbenennung nach dem „Führer der antisemitischen Bewegung in Österreich, Georg Ritter von Schönerer", veranlasst.[241] Dem im Vorjahr verstorbenen NSDAP-Stadtrat Friedrich Ettwein wurde in Bad Cannstatt eine Straße gewidmet, und die Dorotheenstraße erhielt entgegen allen Gewohnheiten, keine Straßen nach Lebenden zu benennen, den Namen „Wilhelm-Murr-Straße" zum zehnjährigen Amtsjubiläum des württembergischen NSDAP-Gauleiters, worauf im Amtsblatt sogar in Fettdruck aufmerksam gemacht wurde.[242] Diese Umbenennung an so prominenter Stelle im Stadtzentrum sollte ganz offensichtlich vor allem als Geste gegenüber Murr gedacht sein, mit dem sich OB Strölin nicht immer im persönlichen und politischen Einvernehmen befand.[243] Diesen Eindruck vermittelt auf jeden Fall eine Meldung aus dem Amtsblatt vom

---

Stuttgart am 17.9.1938, Nr. 108.
236 Ebd.
237 Ebd.
238 Ebd., Entschließungen Nr. 385/1 u. 402/1 d. OB Strölin v. 4.11.1938 u. 17.11.1938.
239 StAM, Straßenbenennungen 1939, 3. Teil, ohne Datum.
240 StAS, Straßenbenennungen 112, Bü 1938, Schreiben d. Inspekteurs d. Ordnungspolizei an OB Strölin v. 5.4.1938.
241 Ebd., Entschließung Nr. 102/1 d. OB Strölin v. 2.4.1938.
242 StAS, Straßenbenennungen 112, Bü 1938, Amtsblatt der Stadt der Auslandsdeutschen v. 15.3.1938, Nr. 31.
243 Vgl. Nachtmann, 194.

5. Februar 1938: „Durch die Benennung dieser im Mittelpunkt der Gauhauptstadt gelegenen Straße mit dem Namen unseres Reichsstatthalters soll in sinnfälliger Weise die Verbundenheit zwischen Gauleiter Murr und der Stadt der Auslandsdeutschen Stuttgart zum Ausdruck gebracht werden. Mit dieser Straßenbenennung will die Gauhauptstadt dem Reichsstatthalter danken für die Arbeit, die er in den letzten zehn Jahren als Gauleiter der NSDAP und [...] auch in seiner Eigenschaft als Beauftragter der NSDAP [...] für unsere Stadt geleistet hat."[244] Die bereits in den eingemeindeten Stadtteilen Feuerbach und Sillenbuch bestehenden „Wilhelm-Murr-Straßen" wurden im selben Zug beseitigt, um die Einzigartigkeit der zentralen „Wilhelm-Murr-Straße" nicht zu gefährden. Die Feuerbacher Straße fungierte von nun an als gleichnamige Verlängerung der „Adolf-Hitler-Straße" in diesem Bereich und die Sillenbucher wurde nach Gorch Fock umbenannt, dem in der Seeschlacht von Skagerrak gefallenen Schriftsteller.[245]

Mit seinem umfangreichen Benennungs- und Umbenennungsprogramm 1938 hatte Strölin aber auch ein anderes Problem gelöst, das die Stadt die vergangenen Jahre hindurch beschäftigt hatte, das der Doppelnamen. Mitte September 1938 schrieb er in einem Bericht, der zur Veröffentlichung im Amtsblatt gedacht war: „Das erstrebte Ziel, daß jeder Straßenname nur einmal vorhanden sein soll, ist nun, nachdem schon in den letzten Jahren zahlreiche Straßen umbenannt worden sind, mit dem nachstehenden Umbenennungen im wesentlichen verwirklicht. Die Umbenennungen haben damit, bis auf einige wenige Ausnahmen, nunmehr ihren Anschluß gefunden."[246] Wie bereits in den vergangenen Jahren betonte Strölin dabei die Systematik dieser Arbeit: „Wie bisher sind die Namen nach einem einheitlichen Plan so ausgewählt worden, daß jeweils sachlich zusammengehörige Namen in einer bestimmten Stadtgegend zusammengefasst sind."[247] Dieses systematische Vorgehen bei der Straßenbenennung bewirkte von 1933 bis zum Kriegsbeginn in Stuttgart ein vergleichsweise pragmatisches Vorgehen. Nachdem die erste Welle ideologisch bedingter Benennungen beziehungsweise Tilgung von Straßennamen unmittelbar nach der „Machtergreifung" abgeschlossen war, beherrschten in den meisten Stadtvierteln Straßennamen mit unpolitischem Hintergrund das Bild, denen immer weitere hinzugefügt wurden.

---

244 StAS, Straßenbenennungen 112, Bü 1938, Ausschnitt aus d. Amtsblatt d. Stadt der Auslandsdeutschen Stuttgart v. 5.2.1938.
245 Ebd., Amtsblatt der Stadt der Auslandsdeutschen v. 15.3.1938, Nr. 31.
246 Ebd., Entwurf d. Beitrags v. OB Strölin f. d. Amtsblatt über die Straßenbenennungen 1938 v. 15.9.1938.
247 Ebd.

Meist lediglich im Bedarfsfall wurde auf Namen aus dem Katalog von Empfehlungen zurückgegriffen, den die Stadtverwaltung auf Anforderung Strölins 1933 aufgestellt hatte, außer besondere Ereignisse wie der „Anschluss" Österreichs oder das Attentat auf Ernst vom Rath zwangen zu neuen Prioritäten. Oberste politische Priorität hatten dabei für Strölin immer seine ehrgeizigen Pläne, Stuttgart als „Stadt der Auslandsdeutschen" im Reich zu positionieren. Ein Projekt, dem es letztlich an Schubkraft fehlte, so dass es sich in dem durch Straßen und Plätze definierten öffentlichen Raum kaum manifestieren konnte. Nicht einmal die Benennung der neuen Aussichtsstraße am Gelände des für Stuttgart wichtigen Prestigeobjekts Reichsgartenschau in „Sudetenstraße" wurde mit der Erlangung des Sudetenlandes begründet, sondern mit der Aufnahme der „Sudetendeutschen Partei" in die NSDAP, denn für die dort lebenden Volks- und jetzigen Reichsdeutschen waren Stuttgart und DAI ja nicht mehr zuständig.[248]

Selbst auf dem Gebiet der Straßenbenennungen machte sich ab 1938 der wachsende Einfluss der SS immer stärker bemerkbar. Nach der Entmachtung der SA-Führung im Sommer 1934 war die SS als eigenständige Parteiformation etabliert worden, die von nun an ihre Machtbasis kontinuierlich ausbaute.[249] Dazu gehörten auch eigene Siedlungen für SS-Angehörige wie zum Beispiel in Stuttgart die Siedlung am Rotweg in Zuffenhausen, für die sich die SS auch das Recht herausnahm, Straßennamen nach eigener Wahl vorzuschlagen, wie aus einem Schreiben der SS-Rasse- und Siedlungshauptamts an die Stadt hervorgeht.[250] Darin bat das Hauptamt OB Strölin um sein Einverständnis, den Plätzen und Straßen in der Siedlung am Rotweg in Zuffenhausen „Namen von solchen Nationalsozialisten des Gaues Württemberg zu verleihen, die entweder in der Kampfzeit ihr Leben für die Bewegung verloren haben oder aber inzwischen verstorben sind."[251] Die Stadt unterbreitete der SS daraufhin folgende Vorschläge: „Hunnewellstraße", nach dem 1921 in Oberschlesien gefallenen Stuttgarter Studenten Walter Hunnewell, „Wilhelm-Neth-Weg" und „Wilhelm-Neth-Platz" nach dem 1933 verstorbenen oberschwäbischen HJ-Führer Wilhelm Neth, „Sonthofener Straße" und „Krössinseestraße" nach den SS-Ordensburgen, „Stahleckstraße" nach der Hitlerjugendburg Stahleck und „Pasewalker Straße" nach der pommer-

---
248 StAS, Straßenbenennungen 112, Bü 1938, Entschließung Nr. 385/1 v. OB Strölin v. 4.11.1938.
249 Höhne, Heinz: Der Orden unter dem Totenkopf. Die Geschichte der SS, Lizenzausgabe Bindlach 1999, 125f.
250 StAS, Straßenbenennungen 112, Bü 1938, Schreiben d. Chefs d. Siedlungsamtes im Rasse- und Siedlungshaupt SS an OB Strölin v. 23.7.1938.
251 Ebd.

schen Stadt Pasewalk, wo Hitler 1918 im Lazarett gelegen war.[252] Der zuständige SS-Abschnitt X hatte teils andere Vorstellungen der Benennungen, die er seinem vorgesetzten SS-Oberabschnitt Südwest sowie der Stuttgarter Siedlungsgesellschaft mbH mitteilte.[253] So war er zwar mit der „Wilhelm-Neth-Straße" einverstanden – wollte aber die Hauptstraße durch die Siedlung „Straße der SS" benennen und einen „Platz der HJ", eine „Adolf-Kling-Straße" nach dem verstorbenen Gauamtsleiter der Nationalsozialistischen Volkswohlfahrt NSV, eine „Ostmarkstraße" sowie eine „Sudetenstraße" haben[254] – letztere Vorschläge mussten aber sofort wieder zurückgezogen werden, weil diese Namen ja bereits von Strölin vergeben worden waren. Wie diese Debatte letztendlich endete, geht aus den Quellen nicht hervor. Ungewöhnlich waren die Straßenbenennungen auf Initiative der SS in deren Siedlungen auf jeden Fall nicht. Dies beweist unter anderem ein Exemplar des Amtsblattes der Reichshauptstadt Berlin, das beim Vorgang „SS-Siedlung am Rotweg" mit abgelegt wurde.[255] Darin teilte der Berliner Oberbürgermeister die Benennungen durch den Polizeipräsidenten mit, – die Ernennung des Reichsführers SS, Heinrich Himmler, zum Chef der deutschen Polizei 1936 hatte ja de facto zu einer Verschmelzung von Polizei und SS geführt, – die dieser in der SS-Kameradschaftssiedlung in Zehlendorf vorgenommen hatte.[256] Neben bekannten „NS-Märtyrern" wie Julius Schreck als Namensgebern, die an zahlreichen Orten vorkamen, wurden hier auch Bezeichnungen verwendet, die auf den ersten Blick geradezu kurios anmuteten: „Treuepfad", „Sigstraße" (offenbar nach der germanischen Sigrune, dem Symbol der SS), „Brautpfad", „Staffelweg", (nach den Schutzstaffeln, also der SS), „Am Vierling", „Dienstweg", „Ahnenzeile", „Mütterstraße", „Im Kinderland", und „Himmelsteig".[257] Martens hat diese Bezeichnungen als typischen Versuch gedeutet, NS-Ideologie über NS-Ideologen hinaus in der Öffentlichkeit zu verankern.[258] Auch die Politik der Münchener Stadtverwaltung, Straßen, die nach „Gefallenen der Bewegung" benannt wurden, in Kleinsiedlungen in der Peripherie zu bündeln, ging in diese Richtung.

---

252 StAS, Straßenbenennungen 112, Bü 1938, Auszug aus d. Niederschrift über die Beratung mit d. Verwaltungsbeiräten v. 13.9.1938.
253 Ebd., Schreiben d. SS-Abschnitts X an d. SS-Oberabschnitt Südwest v. 20.10.1938 u. d. Stuttgarter Siedlungsgesellschaft mbH v. 21.10.1938.
254 Ebd.
255 Ebd., Auszug a. d. Amtsblatt der Reichshauptstadt Berlin, ohne Datum.
256 Ebd.
257 Ebd.
258 Martens, Matthias: Straßennamen – Lesezeichen im kulturellen Gedächtnis. In: Horn, Sabine/Sauer, Michael (Hg.): Geschichte und Öffentlichkeit. Orte – Medien – Institutionen, Köln u.a. 2009, 61-69, hier: 65.

4. Kriegsjahre: 1939 – 1945

Der Beginn des Krieges am 1. September 1939 sollte auch den breit gefächerten Aktivitäten rund um die Straßenbenennungen in den deutschen Städten ein Ende bereiten. So wurde vom Reichsinnenministerium die völlige Einstellung diesbezüglicher Verwaltungsarbeiten verfügt, um die Kommunalverwaltung im Krieg zu vereinfachen.[259] Trotzdem wollte die Münchener Stadtspitze aber auch zu diesem Zeitpunkt ihre strittigen Straßennamen eher um jeden Preis klären als einen inakzeptablen Status quo hinnehmen, obwohl der Krieg für die Kommunen zahlreiche zusätzlichen Aufgaben mit sich gebracht hatte. Dazu gehörten zum Beispiel die Vorkehrungen für den Luftschutz sowie für die Sicherung und Rationierung der Lebensmittelversorgung und die Organisation der Bezugsscheine für Lebensmittel, Stoffe und Schuhe.[260] Ungeachtet dieser Dinge informierte die Münchener Stadtverwaltung das Regierungspräsidium darüber, dass es wegen der „Hofmannsthal-Straße" eine Anfrage bei der Reichsstelle für Sippenforschung starte, um Klarheit in Bezug auf einen möglichen jüdischen Hintergrund des Dichters Hugo von Hofmannsthal zu erhalten.[261] Damit aber nicht genug, wurde dem Münchener Stadtarchiv auch noch der Auftrag erteilt, alle Straßennamen der Stadt einer allgemeinen Prüfung „zum Zwecke einer Angleichung an die politischen und kulturpolitischen Anforderungen im Dritten Reich" zu unterziehen.[262] München ging hier ganz offenbar mit einer förmlichen Verbissenheit einem „Problem" nach, das es in dieser Form in Stuttgart und Köln gar nicht mehr gab. Die Gründe dafür lassen sich nicht mit letzter Sicherheit ermitteln: Zum einen liegen sie aber mit größter Wahrscheinlichkeit darin, als „Hauptstadt der Bewegung" keine Straßennamen mehr besitzen zu wollen, die im Gegensatz zum Nationalsozialismus stehen könnten, zum anderen darin, auch nicht voreilig Träger des Kultur- und Geisteslebens zu beseitigen, die Deutschland zur nationalen Ehre gereichten. Den ersten Teil dieser These unterstützt eine Anweisung der Stadt vom Oktober 1939, zwar darauf zu verzichten, „bei allen Straßen und Plätzen, die nach

---

259 StAM, Straßenbenennungen 40/65/1-21, Bü 1939, Schreiben d. Dez. VII/13 ans Stadtarchiv München wegen d. Runderlasses d. Reichsinnenministeriums des Innern v. 27.9.1939.
260 Vgl. Scherrieble, Joachim: Reichenbach a. d. Fils unterm Hakenkreuz. Ein schwäbisches Industriedorf in der Zeit des Nationalsozialismus, Tübingen/Stuttgart, 1994, 246.
261 StAM, Straßenbenennungen 40/62/d, Bü „Nach Israeliten benannte Straßen in der Hitlerzeit", Schreiben d. Dez. VII/13 ans Regierungspräsidium v. Oberbayern v. 16.1.1940.
262 Ebd.

Heiligen der Kirche benannt sind, den Zusatz ‚Sankt' zu streichen", aber andererseits doch zumindest die Erläuterung dieser Namen auf Zusatzschildern oder im Adreßbuch auf die Erklärung „Namen aus der Kirchengeschichte" zu beschränken.[263] Der Grund: Den Stadtoberen erschienen diese Namensüberprüfungen nicht so vordringlich, „solange noch Städte und Orte des Reiches diesen Zusatz tragen", und es sei jetzt auch nicht an der Zeit, „eine gewisse Unruhe in immerhin weite Kreise der Bevölkerung zu tragen."[264] Das Stadtarchiv München nahm diese Weisung übrigens zum Anlass, dem Dezernat VII zwei Beispiele für eine zufriedenstellende Lösung zu übermitteln: „Emmeran-Straße" statt „Sankt-Emmeran-Straße", „Florian-Straße" statt „Sankt-Florian-Straße".[265] Diese Vorgänge um die Straßennamen aus der Kirchengeschichte bezogen sich jedoch ganz eindeutig auf die bereits oben ausgeführte Überprüfung sämtlicher Münchener Straßennamen, die bereits im Juli angeordnet worden war und vor allem auf solche Straßennamen abzielte, „die für München als Hauptstadt der Bewegung sehr peinlich werden können."[266]

Ergänzt wurde dieses Vorgehen durch eine weitere Weisung ans Stadtarchiv, „bei Eintragungen ins Adreßbuch nur bei den wichtigsten Namen Überprüfungen durchzuführen."[267] Der Begriff „wichtig" wurde in diesem Zusammenhang zwar nicht näher definiert, aber es wurden Beispiele dafür gegeben, welche namensgebenden Ereignisse der Stadtführung erklärungsbedürftig erschienen, damit jeder Bürger ihre Bedeutung erschließen konnte: der „Deutsche Tag" am 30. September 1923 und die Stadt Bayreuth als politisches Symbol, nicht als Stätte des Wirkens von Richard Wagner.[268] Wie das Ergebnis einer solchen Überprüfung aussehen konnte, darüber gibt das Beispiel des Kulturkritikers Paul Lagarde Aufschluss, das dem Münchener Oberbürgermeister Fiehler Mitte 1942 vom Stadtarchiv mitgeteilt wurde: „Als Erläuterung wird vorgeschlagen: bekannter Sprachforscher, Judengegner, zukunftsweisender deutscher Schriftsteller."[269] Mehr als zwei Jahre nach der Anweisung des Reichsinnenministeriums, alle Aktivitäten rund um die Straßenbenennungen kriegsbedingt einzustellen, band die Stadt München also immer noch beträcht-

---

263 StAM, Straßenbenennungen 40/65/1-21, Bü 1939, Schreiben d. Dez. VII/13 ans Stadtarchiv München v. 16.10.1939.
264 Ebd.
265 Ebd., Schreiben d. Stadtarchivs München ans Dez. VII v. 1.10.1939.
266 Ebd., Schreiben d. Dez. VII/13 ans Stadtarchiv München v. 14.7.1939.
267 Ebd., Schreiben d. Dez. VII/13 ans Stadtarchiv München v. 11.9.1939.
268 Ebd.
269 Ebd., Schreiben d. Stadtarchivs München an den Münchener OB v. 22.6.1942.

liche Kapazitäten ihrer Verwaltung für solche Zwecke. Wie aus einem Schriftwechsel zwischen OB und Stadtarchiv hervorgeht, war dort sogar eine größere Untersuchung explizit für die zweite Jahreshälfte 1940 geplant.[270] Und im April 1941 wandte sich das Dezernat VII/40 mit einer dringlichen Anfrage ans Stadtarchiv, weil rasche Baufortschritte in einigen Bereichen die „Benennung einiger Straßen sehr vordringlich" mache.[271] Im Einzelnen ging es dabei um Straßenbenennungen nach den Opfern des Attentatsversuchs von Georg Elser auf Hitler im Bürgerbräukeller am 8. November 1939, nach dem verstorbenen Bürgermeister Dr. Karl Tempel und einer Umbenennung im Stadtteil Solln („Johannesstraße"), über deren Hintergründe nichts aus den Quellen hervorgeht.[272] Eine weitere Ausnahme bei den Umbenennungen sollte 1941/42 aus ebenso prominentem wie traurigem Anlass gemacht werden. Am 17. November 1941 hatte Luftwaffengeneral Ernst Udet, Generalluftzeugmeister der Luftwaffe und damit oberster Zuständiger für die Luftrüstung, aus Verzweiflung Selbstmord begangen – was freilich vor der Öffentlichkeit geheim gehalten wurde. Geplant war, eine neue Straße, deren Bau nach Kriegsende vorgesehen war und die vom Vogelweideplatz zum dann neu gestalteten Flughafen Riem führen sollte, nach Udet zu benennen.[273]

Die vorerst letzten Straßenbenennungen unter regulären Bedingungen erfolgten in München bis Ende 1939. Als Namensgeber fungierten Babette Koller, die Gründerin der Nationalsozialistischen Frauenschaft in München, drei Schlachtenorte des Ersten Weltkriegs (Markirchen, Bodenweil, Altkirchen), Wilhelm Gustloff, Ernst vom Rath – sie wurden ja als NS-„Märtyrer" in zahlreichen Orten verewigt – und Alois Baeran, „Vorkämpfer des Sudetendeutschtums".[274] Die drei letztgenannten Namen wurden in der Wohnanlage Harthof im Münchener Norden konzentriert.[275] Ob sich aus dieser Siedlung Verbindungen zu einer später in den Akten der Stadtverwaltung erwähnten „SS-Siedlung im Norden", also einem Pendant zu der Stuttgarter SS-Siedlung am Rotweg in Zuffenhausen, ergeben, ist aus den Quellen nicht zu

---

270 Ebd., Antwort d. Stadtarchivs auf eine Anfrage d. OB wegen d. Überprüfung v. Straßennamen v. 16.10.1940.
271 StAM, Straßenbenennungen 40/65/1-21, Bü 1939, Schreiben d. Dez. VII/40 ans Stadtarchiv München v. 12.4.1941.
272 Ebd.
273 Ebd., Schreiben d. Dez. VII/40 über d. Hauptverwaltung d. Stadt München ans Stadtarchiv v. 27.11.1941.
274 Ebd., Straßenbenennungen 1939, 3. Teil.
275 Ebd.

erschließen. Da sich jedoch ebenfalls in dieser Gegend zur damaligen Zeit eine große SS-Kaserne befand, drängt sich diese Vermutung auf.

Anfang 1940 thematisierte die Münchener Stadtverwaltung noch einmal ihren komplizierten administrativen Prozess bei den Straßenbenennungen gegenüber dem bayerischen Innenministerium: „Die Neu- und Umbenennung von Straßen und Plätzen in der Hauptstadt der Bewegung bedürfen der Zustimmung des Führers in seiner Eigenschaft als ‚Beauftragter der Partei' für die Hauptstadt der Bewegung (§ 1 der Ausführungsverordnung des Stellvertreters des Führers vom 26.3.1935, Reichsgesetzblatt, S. 470 zu § 118 der Deutschen Gemeindeordnung und der Verordnung vom 1.4.1939, Reichsgesetzblatt, S. 703)."[276] Dabei wurde zugleich das dienstliche Procedere dargestellt, das für eine Straßenbenennung in München einzuschalten war:[277] Danach erarbeitete das Dezernat VII zusammen mit einem Stadtrat Reinhard und dem Stadtarchiv einen Vorschlag, der nach Überprüfung durch einen Gutachter dem Oberbürgermeister vorgelegt wurde, der mit dem Beirat für Verwaltungs- und Finanzbeauftragten über diesen Vorschlag beriet. Danach ging der Vorschlag an den Leiter der Reichskanzlei, der ihn Hitler vorlegte. Sagte diesem der Entwurf nicht zu, begann das Verfahren aufs Neue. Konkreter Anlass für die Einschaltung des Innenministeriums war der Umstand, dass bis Mitte 1940 noch keine endgültige Lösung für das Vorgehen bei der „Paul-Heyse-Straße", der „Possartstraße", dem „Possartplatz", der „Heckscher-Straße", der „Hoffmannsthal-Straße", der „Königswarter Straße" und der „Maronstraße" – alles Straßen mit möglicherweise jüdischen Namensgebern – gefunden worden war. Nachdem sich dieser Vorgang immer noch auf die Erledigung des Erlasses des Reichsinnenministeriums vom 27. Juli 1938 bezog, wonach sofort alle nach Juden und „Halbjuden" benannten Straßen und Plätze zu beseitigen waren, war in dieser neuen Initiative kein Verstoß gegen die Richtlinie zu sehen, während des Krieges auf solche Aktivitäten zu verzichten. Dennoch war das Innenministerium offenbar entschlossen, die Münchener Stadtverwaltung zu bremsen und die nicht enden wollende Debatte um die Straßennamen mit eventuellen „Halbjuden" zumindest vorübergehend zum Abschluss zu bringen. Auf Basis einer Information durch das Dezernat VII/40 schrieb Staatssekretär Kögelmaier an Reichsminister Lammers, daß mit Ausnahme der Fälle „Paul Heyse", „Possart" und „Hoff-

---

276 StAM, Straßenbenennungen 40/62/d, Bü, „Nach Israeliten benannte Straßen in der Hitlerzeit", Schreiben d. Dez. VII/1 an Staatssekretär Kögelmaier im bayer. Innenministerium v. 6.1.1940.
277 Ebd.

mannsthal" die Umbenennung in München im allgemeinen abgeschlossen sei und „ich mit Ihnen, Herr Reichsminister, wohl in der Annahme einig gehe, daß gerade jetzt im entscheidenden Stadium des Existenzkampfes des Deutschen Volkes der Führer mit diesen Dingen nicht behelligt werden darf und daß deshalb solche Straßenumbenennungen bis zum Kriegsende auszusetzen sind."[278] Ein letztlich doch erstaunlicher Schritt, war doch die Judenpolitik des Dritten Reiches seit dem Pogrom vom 8. November 1938 eskaliert und hatte zu immer repressiveren Maßnahmen gegen die jüdischen Deutschen geführt. Zudem war mit einer Reihe von Maßnahmen unmittelbar nach Kriegsbeginn, beispielsweise der Zusammenlegung von Sicherheitspolizei und Sicherheitsdienst der SS im Reichssicherheitshauptamt am 27. September 1939, der innenpolitische Kurs drastisch verschärft worden.

Weitaus weniger komplexe und politisch sensible Aspekte beschäftigte hingegen die Stuttgarter Stadtverwaltung nach Kriegsbeginn. Reichsstatthalter und Gauleiter Murr lag mehr am Herzen, Straßennamen so eindeutig zu halten, dass auch künftige Generationen stets den Sinn würden erkennen können, und ob nicht einige Schönheitskorrekturen bei bestehenden Straßennamen angebracht seien: „Nur halte ich es bei Straßennamen, die nach Personen ausgewählt sind, nach wie vor für notwendig, daß auch kommende Generationen ein Zweifel, um wen es sich dabei handelt, nicht haben können. [...] Ein Beispiel ist der Name Freiherr von Steinstraße. Dieser Name ist auch nicht kurz, wäre aber sinnlos, wenn man die Straße nur etwa ‚Steinstraße' genannt hätte. Zu erwägen ist auch, ob nicht Sünden der Vergangenheit auf diesem Gebiet bei Gelegenheit wieder gut gemacht werden sollen."[279] Strölin folgte dieser „Anregung"[280] und meldete Murr: „Zu der kürzlichen Vorlage der Stadt Stuttgart über Straßenbenennungen haben Sie eine Reihe von Anregungen gegeben. Ich habe daraufhin die vorgesehenen Benennungen nochmals überprüfen lassen und eine Reihe von Veränderungen vorgenommen."[281] Bei dieser Gelegenheit bemerkte Strölin auch, dass die „planmäßige Umbenennung der mehrfach vorkommenden Straßennamen" nunmehr abgeschlossen sei.[282] Aus dieser Perspektive betrachtet konnte der Stuttgarter OB der Anweisung des Reichsinnenministeriums, wo-

---

278 Ebd., Schreiben v. Staatssekretär Kögelmaier an Reichsminister Lammers v. 12.9.1940.
279 StAS, Straßenbenennungen 112, Bü 1939, Schreiben d. Reichsstatthalters in Württemberg an OB Strölin v. 14.11.1939.
280 Ebd., Schreiben v. OB Strölin an d. Beauftragten d. NSDAP f. d. Stadt Stuttgart, Reichsstatthalter u. Gauleiter Murr v. 30.10.1939.
281 Ebd.
282 Ebd.

nach während des Krieges keine Umbenennungen vorzunehmen seien, mit Gelassenheit Folge leisten. Ihn beschäftigten bereits Gedanken über die künftige Stadtplanung: „Für die Zukunft ist es aber immer schwieriger, geläufige Straßennamen zu finden. Stuttgart hat nunmehr etwa 2000 Straßennamen. Damit sind für Straßenbenennungen in Betracht kommenden Namensgruppen zu einem wesentlichen Teil ausgeschöpft."[283] Offensichtlich, um künftigen „Anregungen" Murrs gleich vorzubeugen, führte Strölin in seinem Schreiben alle Punkte auf, die er bei Straßenbenennungen stets zu beachten habe und die dieses Unterfangen gleichzeitig so schwierig gestalteten: „ Vor allem scheiden alle Namen aus, die zu Verwechslungen [...] Anlaß geben könnten. Desweiteren muss selbstverständlich darauf Rücksicht genommen werden, ob eine Straße nicht zu klein oder zu groß ist für die Ehrung, die durch die Benennung ausgedrückt werden soll."[284] Auch ein Seitenhieb auf Murrs etwas kleinkarierte Kritik an Strölins Straßenbenennungspolitik fehlte nicht: „Ich habe übrigens seit Jahren die Gewohnheit, dass die Straßenbenennungen den Trägern der Namen, also z.B. den Gemeinden, nach denen eine Straße benannt ist, mitgeteilt werden. Dabei habe ich immer wieder feststellen können, dass es gerade in kleineren Gemeinden Freude macht, wenn eine Straße in der Gauhauptstadt nach ihnen benannt ist."[285]

Aus diesem Grund mag es nicht überraschen, wenn die Stuttgarter Straßenbenennungen 1939 – ob vor oder nach Kriegsbeginn – weder durch spektakuläre Entscheidungen noch durch politische Debatten geprägt waren. Unter den gerade einmal 44 Benennungen[286] blieben die mit nationalsozialistischem Hintergrund auf die SS-Siedlung am Rotweg beschränkt: Zur Vermeidung der Doppelnamen „Ostmarkstraße" und „Sudetenstraße" hatte man sich nun auf „Otto-Planetta-Weg" und „Franz-Holzweber-Weg" geeinigt, zwei österreichische Nationalsozialisten, die 1934 nach dem missglückten Putschversuch in Österreich hingerichtet worden waren.[287] Als weitere Namen – auf den „Wilhelm-Neth-Weg" und den „Adolf-Kling-Weg" hatte man sich ja bereits geeinigt – wurden die „König-Heinrich-Straße" („nach dem eigentlichen Begründer des

---

283 Ebd.
284 StAS, Straßenbenennungen 112, Bü 1939, Schreiben v. OB Strölin an d. Beauftragten d. NSDAP f. d. Stadt Stuttgart, Reichsstatthalter u. Gauleiter Murr v. 30.10.1939.
285 Ebd.
286 Ebd., Amtsblatt d. Stadt der Auslandsdeutschen Stuttgart Nr. 145 v. 28.11.1939, 658-659, „Straßenbenennungen 1939".
287 Ebd.

Deutschen Reiches") und die „Schrozberger Straße" nach dem gleichnamigen Ort in der Hohenloher Ebene verwendet.[288] In Degerloch erfolgte eine Straßenbenennung nach der Wagner-Oper „Rienzi"[289], die Hitler nach Angaben seines Jugendfreundes August Kubizek als sein politisches Erweckungserlebnis bezeichnete.[290] Daraus jedoch abzuleiten, dass die Namensgeber, also die Stadtverwaltung Stuttgart dieselben Gedanken damit verband, wäre aber voreilig. Im selben Stadtteil wurden zeitgleich auch eine Straße nach der Mozart-Oper „Figaros Hochzeit" („Figarostraße") und der Beethoven-Oper „Fidelio" benannt.[291] Ob in diesen beiden Komponisten NS-ideologische Verwandte gesehen wurden, darf zu Recht bezweifelt werden.

Ähnlich gründlich wie in München ging noch bis zum Zenit des Krieges die Kölner Stadtverwaltung bei der Prüfung von Personen vor, die als Namensgeber für Straßen dienen sollten. Noch 1943 richtete das Tiefbauamt eine Anfrage in dieser Sache an den Oberbürgermeister, die dieser allerdings nicht beantworten konnte, weil alle Unterlagen der Stadt zur „Ermittlung der deutschblütigen Abstammung ausgelagert worden sind."[292] Auch die Politik der religiösen Entkonfessionalisierung der Straßen und Plätze wurde – analog zu München – fortgesetzt: Bis 1944 sanken der Anteil der Namen mit religiösen Bezügen von dreizehn auf drei Prozent.[293] Und von diesen insgesamt zwölf Benennungen in dieser Richtung wurde noch zudem versucht, den christlichen Bezug nicht zu offenkundig zu machen, indem Namen ausgewählt wurden, die zugleich auf die geographische Lokalität abzielten oder welche die Reformation als Vorläufer eines deutschnationalen Einigungsversuchs deuteten, in dessen Tradition sich die Nationalsozialisten stellen wollten.

Ob Stuttgart, München oder Köln – geht man von der nachvollziehbaren Schlüssigkeit des stadttheoretischen Ansatzes aus, dass sich Menschen über Straßen und Plätze „in den Raum einschreiben"[294], dann war dieses Ziel dem NS-Regime in den zwölf Jahren seiner Herrschaft unzweifelhaft flächendeckend gelungen. War für die Kommunen, welche diese Aufgabe umzusetzen hatten,

---

288 Ebd.
289 Ebd.
290 Friedländer, Saul: Hitler und Wagner. In: Friedländer, Saul/Rüsen, Jörn (Hg.): Richard Wagner im Dritten Reich, 165-180, hier: 173.
291 StAS, Straßenbenennungen 112, Bü 1939, Amtsblatt d. Stadt der Auslandsdeutschen Stuttgart Nr. 145 v. 28.11.1939, 658-659, „Straßenbenennungen 1939".
292 Werner: 279.
293 Ebd., 148.
294 Ebd., 304.

auch ein bestimmter Gestaltungsrahmen vorgegeben, so bot dieser darüber hinaus noch genügend Spielräume, um im Zuge der Straßenum- und -neubenennungen lokale Wünsche und Vorstellungen zu realisieren. Auf diese Weise wurden nicht nur die „Ikonen" der NS-Bewegung in der Öffentlichkeit verankert, sondern auch die örtlichen NS-„Märtyrer", die dadurch sogar auf dieselbe Stufe gehoben wurden. In München und Köln, wo der Nationalsozialismus in der katholischen Kirche mit ihrem starken Vereinsleben und der ihr nahestehenden Zentrumspartei und Bayerischen Volkspartei einen starken Gegner hatte, mochte es den NS-Stadtverwaltungen deshalb besonders hilfreich erscheinen, bei dieser Gelegenheit die Reminiszenzen an die Kirchengeschichte zu tilgen. Dies erschien im protestantischen Stuttgart nicht nötig. Dort wurde vielmehr der Versuch unternommen, sich auf dem Weg der Straßenbenennungen als „Stadt der Auslandsdeutschen" und damit als eine der wichtigsten Städte des Reiches zu profilieren, neben Berlin, München, Hamburg, Bremen, Leipzig, Köln, Essen und Chemnitz, denen bereits feste Bestimmungen zugewiesen worden waren.[295] Die Voraussetzungen waren dafür grundsätzlich günstig, denn die Stuttgarter Stadtverwaltung konnte nicht nur die Welle von Straßenneubenennungen bei dieser Gelegenheit für sich ausnutzen, sondern auch an die jahrelange Arbeit des DAI sowie den regional verankerten Mythos der „Schwaben in aller Welt"[296] anknüpfen. Dass dieser Konzeption letztlich der Erfolg versagt blieb, lag an zwei Faktoren: dem mangelnden Einfluss Stuttgarts in Berlin und der neuen Verortung der Volkstumspolitik im Machtgefüge des NS-Staats. Hinzu kamen die mangelnde Einigkeit zwischen Stadtführung und Gauleitung im Auftreten gegenüber den höheren Gremien und Dienststellen. Dennoch: Zum fünfjährigen Jubiläum der Verleihung des Ehrentitels „Stadt der Auslandsdeutschen" 1941 wurde noch einmal mit der Zahl von 270.000 Besuchern im Ehrenmal der Auslandsdeutschen für Stuttgarts Leistungen auf diesem Gebiet geworben.[297] Einen Niederschlag im öffentlichen Raum im oben erwähnten Sinne fand diese Aktion nicht mehr.

Bleiben noch die Straßennamensgeber aus den vergangenen deutschen und preußischen Kriegen sowie der deutschen Geschichte bis zurück ins Mittelalter und Antike. Schöpften die Nationalsozialisten auch bevorzugt aus diesem Fundus, so knüpften sie dabei oft an Traditionen aus dem Kaiserreich, aber

---

295 Vgl. Müller: Stuttgart, die „Stadt der Auslandsdeutschen", 291.
296 Ebd., 293.
297 Ebd., 304.

auch aus der Weimarer Republik, an. Aus teilweise nachvollziehbaren Gründen erschienen deshalb manchen diese Namen als unbedenklich. Nicht immer wurde dabei realisiert, dass sich mit demselben Namen unterschiedliche politische Intentionen verbinden konnten, je nachdem, zu welchem Zeitpunkt und in welchem Kontext die Benennung erfolgte.

Kapitel IV:
Straßen und Plätze des Dritten Reiches –
Die Bereinigung des öffentlichen Raums

Das Großdeutsche Reich hatte die bedingungslose Kapitulation noch nicht unterzeichnet, da begannen bereits in dem mittlerweile von alliierten Truppen besetzten Stuttgart die ersten Straßenumbenennungen. Mit dem Vermerk „Eilt" wurde das Technische Referat der Stadt Stuttgart am 6. Mai 1945 aufgefordert, die „bisherigen Adolf-Hitler-Straßen" in Feuerbach, Vaihingen und Möhringen-Sonnenberg umzubenennen.[1] Der Grund für diese Aktion war praktischer Natur: Für sechs in diesen Bereichen ansässige Ärzte sollten neue Ausweise beantragt werden, in denen die „bisherigen Straßenbezeichnungen nicht mehr erscheinen dürfen."[2] Dass bei dieser ersten Straßenumbenennungsaktion nach dem Ende des Dritten Reiches primär die nach Hitler benannten Straßen und Plätze im Visier standen, mag nicht weiter verwundern. Dass aber zu diesem Zeitpunkt schon die Beseitigung von Straßennamen angeregt wurde, die unter dem NS-Regime benannt worden waren, aber keinen unmittelbaren Bezug zum Nationalsozialismus hatten, ist hingegen bemerkenswert. So schlug ein Leser einer Stuttgarter Zeitung unter der Rubrik „Anregungen" zu diesem Zeitpunkt vor, die „Richard-Wagner-Straße" wieder in „Heinestraße" umzubenennen sowie neben der „Dietrich-Eckart-Straße" die Namen der deutschen Admiräle „als Straßenbezeichnungen verschwinden" zu lassen.[3] Dieser Stuttgarter nahm damit eine vorausschauende Position ein, die auch im benachbarten Bayern bald Gesetz werden sollte. Im Herbst 1946 entschloss sich dort das bayerische Kultusministerium zur „Beseitigung von nationalsozialistischen und militärischen Tendenzen an Denkmälern, Straßenschildern undsoweiter" – eine Linie, welche die US-Militärregierung bereits vorgezeichnet hatte.[4] Mit diesem Schritt wurde der Kreis zur Bereinigung des öffentlichen Raumes von kollektiven Erinnerungsorten an das Dritte Reich bewusst weiter gezogen. Ins Visier gerieten nicht mehr nur die Namen von Straßen und Plätzen, die im di-

---

1 StAS, Straßenbenennungen 113, Bü 1945, Schreiben an das Technische Referat d. Stadt Stuttgart v. 6.5.1945.
2 Ebd.
3 Ebd., Rubrik „Anregungen" in einer Stuttgarter Zeitung ohne Namen u. ohne Datum.
4 StAM, Straßenbenennungen 40/62/e, Bü 1940-1947, Anordnung d. Münchener OB v. 30.4.1947.

rekten Bezug zum Nationalsozialismus standen – diese waren ohnehin zu diesem Zeitpunkt kaum mehr vorhanden -, sondern auch der Fundus derjenigen Namen, den die Nationalsozialisten jeweils als geeignet für sich definiert und aus dem sie geschöpft hatten.

In Stuttgart wurde dieser Weg nicht weniger konsequent beschritten. Schon am 14. Mai 1945, also nicht einmal eine Woche nach Kriegsende, informierte sich die französische Militärregierung bei der Stadtverwaltung über den aktuellen Stand der Umbenennungen.[5] Nach den vorliegenden Quellen handelte es sich dabei um eine Liste von 13 Namen, unter ihnen auch diejenigen der Generäle Litzmann und Ludendorff sowie des Admirals Tirpitz.[6] Daneben erschienen in der Hauptsache die Namen nationalsozialistischer Symbolfiguren wie die „Gefallenen der Bewegung", Paul Scholpp und Willi Kirchhoff, der NS-Vordenker Georg Ritter von Schönerer oder der „Platz der SA".[7] In acht Fällen schlug der Oberbürgermeister Arnulf Klett der Militärregierung dabei vor, zu den Straßenbezeichnungen zurückzukehren, die bis zu den Umbenennungen durch die Nationalsozialisten verwendet worden waren.[8] In zwei Fällen erschienen Klett offenbar auch die vorgeschlagenen neuen Namen zu nahe am Militär orientiert. So lehnte es das Stadtoberhaupt ab, den Namen „Tirpitz" durch den ersten deutschen Admiral Brommy zu ersetzen und eine Straße nach dem württembergischen Kriegsminister Albert von Suckow zu benennen.[9]

Grundsätzliche Orientierung im Umgang mit der nationalsozialistischen Hinterlassenschaft gab Klett in seiner Anordnung vom 28. Mai 1945 über „Einrichtungen, Sinnbilder und Kennzeichen der nationalsozialistischen Herrschaft, Städtische Bücherei": „Die unmöglich gewordenen Einrichtungen und Ausdrucksformen des abgetretenen Regimes gelten grundsätzlich als abgeschafft, die Sinnbilder und Kennzeichen der nationalsozialistischen Herrschaft sind zu beseitigen."[10] Darunter fielen auch ausdrücklich die Straßennamen: „Die von der nationalsozialistischen Herrschaft zur eigenen Verherrlichung eingeführten Straßennamen und Häuserbezeichnungen sind aufgehoben."[11] Ebenso wurden die weitere Verwendung der Bezeichnung „Stadt der Auslandsdeutschen" von

---

5   StAS, Straßenbenennungen 113, Bü 1945, Schreiben d. Militär-Gouvernements d. 1. Frz. Armee an d. Stuttgarter OB v. 14.5.1945.
6   Ebd., Liste v. Straßennamen v. 21.5.1945.
7   Ebd.
8   Ebd.
9   Ebd., Aktennotiz d. Stuttgarter OB z. Straßennamensliste v. 21.5.1945.
10   Ebd., Mitteilungen d. Stadtverwaltung Stuttgart Nr. 16/1945 v. 28.5.1945.
11   Ebd.

"der Militärregierung unter Strafandrohung verboten" und der Gebrauch des "glückhaften Schiffs" als Wahrzeichen des DAI untersagt.[12] Der erste Vorschlag zur Umbenennung von Straßen, der vom OB genehmigt wurde und offensichtlich auch zur Vorlage bei der französischen Militärregierung bestimmt war, enthielt 73 Namen.[13] Dabei setzte sich der Trend fort, in zahlreichen Fällen auf die ursprünglichen Namen zurückzugreifen. Beispielsweise erhielten die "Planie", die "Friedrich-Ebert-Straße" und der "Charlottenplatz" ihre alten Bezeichnungen wieder.[14] In manchen Fällen konnte – praktisch für die Stadtverwaltung – der Straßen- oder Platzname einfach entfallen, weil er städtebaulich nicht notwendig, sondern von den Nationalsozialisten rein aus propagandistischen Gründen eingeführt worden war. Beispiele hierfür waren die "Ernst-vom- Rath-Straße" und der "Herbert-Norkus-Platz" – "Fällt weg – keine Häuser" lautete hier der entsprechende kurze Vermerk.[15] Die Zahl der eigentlichen Umbenennungen, also der Vergabe gänzlich neuer Namen, belief sich auf der genannten Liste auf 44,[16] hauptsächlich notwendig zur Beseitigung nationalsozialistisch belasteter Bezeichnungen. Dabei waren wiederum zwei dominierende Entwicklungen zu beobachten. Zum einen wurden in Straßennamen Anker geschaffen, die für eine neue Bindung von Werten, aber auch für die Wiederbelebung des kulturellen Gedächtnisses vor 1933 standen[17] und zugleich an lokale Traditionen anknüpften. Anschauliche Beispiele auf diesem Gebiet bildeten Straßenbenennungen nach dem in Stuttgart geborenen Dichter Heinrich Schäff (vormals "Dietrich-Eckart-Straße"), nach dem Stuttgarter Schriftsteller und Philosophen Christof Schrempf (ab 1938 "Lodystraße"), nach den schwäbischen Gelehrtenfamilien Gärtner und Köstlin (vormals "Paul-Scholpp-Straße" und "Hans-Schemm-Straße").[18] Die Liste ließe sich fortsetzen: Insgesamt 25 Namen von Straßen und Plätzen entsprechen dieser Typologisierung.[19] Zum anderen wurden bereits zu diesem frühen Zeitpunkt nach Kriegsende die Männer des

---

12 Ebd.
13 StAS, Straßenbenennungen 113, Bü 1945, Verzeichnis über die Straßen-Umbenennungen, 1. Vorschlag, genehmigt durch d. Erlass d. OB v. 26.5.1945.
14 Ebd.
15 Ebd.
16 Ebd.
17 Vgl. Martens, Matthias: Straßennamen – Lesezeichen im kulturellen Gedächtnis. In: Horn, Sabine/Sauer, Michael (Hg.): Geschichte und Öffentlichkeit. Orte – Medien – Institutionen, Köln u.a. 2009, 61-69, hier: 61.
18 StAS, Straßenbenennungen 113, Bü 1945, Verzeichnis über die Straßen-Umbenennungen, 1. Vorschlag, genehmigt durch d. Erlass d. OB v. 26.5.1945.
19 Ebd.

20. Juli 1944 mit Straßenbenennungen geehrt: der frühere württembergische Staatspräsident Eugen Bolz, der frühere Leipziger Oberbürgermeister Wilhelm Goerdeler, der ehemalige Generalmarschall Ernst von Witzleben und der Hitler-Attentäter Oberst Claus Graf Schenk von Stauffenberg.[20] Hier liegt Stuttgart beispielsweise sogar noch vor Köln, wo von 1945 bis 1956 nur 12 von 365 Straßenbenennungen, also drei Prozent, nach Gegnern und Verfolgten des NS-Regimes erfolgten,[21] darunter eine „Thomas-Mann-Straße".[22] Einen ähnlichen Weg wie Stuttgart beschritt Köln bei der Neuverankerung seiner Identität in der Lokalisierung, in diesem Fall aber kombiniert mit einer Re-Europäisierung[23], die ihren Grund in der Bedeutung Kölns als internationales Handelszentrum haben dürfte. Eine vergleichbare Anknüpfung an eine städtische politische Tradition musste Stuttgart zwangsläufig unmöglich bleiben, denn einerseits war der Titel „Stadt der Auslandsdeutschen" untrennbar mit dem NS-Regime verbunden, andererseits konnte eine solche Kontinuität in einer Zeit, in der über die territoriale Zukunft Deutschlands und von Teilen seiner Bevölkerung in den Besatzungszonen sowie in anderen Staaten entschieden wurde, bei den Siegermächten nicht opportun erscheinen. Das Angedenken an die Widerstandskämpfer erhob Oberbürgermeister Klett in Stuttgart zur Chefsache. In einer Verfügung Ende Mai 1945 betonte er: „Aufrechte Patrioten, welche dem deutschen Volk die völlige Verwüstung seiner Heimat durch die sinnlose Fortsetzung des verlorenen Krieges ersparen wollten, was nur durch die Beseitigung der Naziherrschaft möglich war, haben dieses Vorhaben mit dem Tode bezahlt. Das Andenken an diese mutigen Männer, die ihrem Volk an verantwortlicher Stelle jahrelang treue Dienste geleistet haben, soll bei uns allen als Vorbild und Verpflichtung lebendig bleiben."[24] Herausgegeben wurde diese Verfügung aus Anlass der Straßenbenennungen nach Goerdeler, Bolz und von Witzleben.[25]

Die Löschung der nationalsozialistischen Straßennamen verlief keineswegs stets auf Anweisung der Stadtführung allein, sondern vielmehr im Dialog zwischen dem Amt des Oberbürgermeisters, den nachgeordneten Bezirksbür-

---

20 Ebd.
21 Werner, Marion: Vom Adolf-Hitler-Platz zum Ebert-Platz. Eine Kulturgeschichte der Kölner Straßennamen seit 1933, Köln u.a. 2008, 184.
22 Ebd.
23 Ebd., 172.
24 StAS, Straßenbenennungen 113, Bü 1945, Verfügung d. Stuttgarter OB betr. Umbenennung v. Straßen v. 24.5.1945.
25 Ebd.

germeistereien, aber auch den Bürgern der Stadt, denen die Beseitigung des nationalsozialistischen Erbes ein persönliches Anliegen war. Besonderer Handlungsbedarf bestand hierbei in der Zuffenhauser Rotwegsiedlung, der so genannten SS-Siedlung, wo es keinen Straßennamen ohne NS-ideologischen Bezug gab. Dort wurden zur Neubenennung Bezeichnungen aus „Waldstrichen oder Höhenzügen im östlichen Württemberg" vorgeschlagen.[26] Beim Um- und Rückbenennungsprozess ging die Stadtverwaltung aber auch nach ähnlichen praktischen Überlegungen vor, wie sie manchmal bei der Umbenennungswelle von 1933/34 angewendet werden durften. So wurde der Antrag aus der Bürgerschaft, die „Pflasteräckerstraße" im Stadtteil Gablenberg nach dem von der Gestapo getöteten Einwohner dieses Stadtteils, Adolf Gerst, zu benennen[27], mit der Begründung abgewiesen, „die alten Flurnamen sollten doch nach Möglichkeit berücksichtigt werden."[28] Vor diesem Hintergrund dürfte auch die Umbenennung des Sportstadions, der früheren „Adolf-Hitler-Kampfbahn" in den früheren Namen „Neckar-Stadion" zu sehen sein.[29] Einen interessanten Einblick vermitteln die Eingaben einzelner, nicht organisierter Bürger an Oberbürgermeister Klett, in denen Wünsche nach Straßenumbenennungen formuliert werden. Ein nachhaltiges Zeichen gegen „Krieg oder militaristische Männer" wollte beispielsweise Albert L. setzen, der deshalb empfahl, den „Schloßplatz" in „Friedensplatz", die „Königstraße" in „Demokratiestraße", die „Kriegsbergstraße" (der Flurname könnte in der Tat mit dem Wort „Krieg" in Zusammenhang stehen[30]) in „Friedensbergstraße" und die „Militärstraße" in „Bürgerstraße" umzutaufen.[31] Auch die Wiedereinführung des alten Namens „Libanonstraße" für die in der NS-Zeit „Ritter-von-Schönerer-Straße" benannte Straße wurde nicht nur von offizieller Seite, sondern auch von privater gefordert: „Der erstere Name wurde [...] zu Ehren eines [...] geistigen Ahnens Adolf Hitlers beigelegt [...] Es ist daher Zeit, daß dieser Name verschwindet."[32] Entsprochen wurde auch dem Wunsch einer Stuttgarterin, die als „Halbjüdin" im Dritten Reich schlimmsten Schikanen ausgesetzt war. Dies führte so weit,

---

26 Ebd., Schreiben d. OB-Geschäftsstelle Zuffenhausen an d. Statistische Amt v. 2.6.1945.
27 Ebd., Schreiben d. Arbeitsausschusses, Gruppe Gablenberg, an d. Polizeipräsidenten d. Stadt Stuttgart v. 25.6.1945.
28 StAS, Straßenbenennungen 113, Bü 1945, Schreiben v. Archiv u. Bücherei [d. Stadt Stuttgart] v. 7.7.1945.
29 Ebd., Schreiben d. Wirtschaftsreferats d. Stadt Stuttgart an d. Stuttgarter OB ohne Datum.
30 Landeshauptstadt Stuttgart (Hg.): Die Stuttgarter Straßennamen, bearb. v. Titus Häussermann, Tübingen 2003, 357.
31 StAS, Straßenbenennungen 113, Bü 1945, Schreiben v. Albert L. an OB Klett v. 17.8.1945.
32 Ebd., Schreiben v. Alfred L. an OB Klett v. 5.10.1945.

dass auf Drängen eines offenbar fanatischen Nationalsozialisten unter ihren Nachbarn die „Agnesstraße", in der beide wohnten, in „Isoldenstraße" umbenannt werden musste, nachdem die Frau dazu gezwungen worden war, ihren Grundbesitz in der Straße weit unter Preis zu veräußern.[33] Dieser Bitte wurde entsprochen.[34] Vor dem Hintergrund dieser Privatinitiativen sowie der Anliegen nachgeordneter Dienststellen der Stadt mag Norbert Frei durchaus in seiner Auffassung zuzustimmen sein, dass die Entnazifizierung zwar nicht perfekt gewesen sei, „aber auch nicht wirkungslos, denn die Bereitschaft der Deutschen, sich vom Nationalsozialismus zu distanzieren, war wirklich groß."[35]

Die Bereitschaft der Stadt Stuttgart, ihren öffentlichen Raum gründlich von nationalsozialistischen Hinterlassenschaften zu befreien, fügte sich genau in dieses Bild. Kurz nach der ersten großen Umbenennungsaktion legte das Bauamt dem Wirtschaftsreferat eine Liste von 171 weiteren Namen vor, die nach Ansicht des Tiefbauamtes gegebenenfalls zu beanstanden waren.[36] Diese 171 Straßen waren zur Überprüfung in vier Kategorien eingeteilt: „nationalsozialistische Namen", „propagandistische Absicht", „militärische Tendenz" und „zeitlich überholt."[37] Darunter fielen neben den bereits erwähnten Namen mit unmittelbar nationalsozialistischem Bezug beispielsweise auch zahlreiche Namen mit geografischen Bezeichnungen, die ihre Überprüfung nur dem Zeitpunkt der Benennung verdankten, so zum Beispiel die „Halligenstraße"[38] im Stadtteil Neuwirtshaus, die 1934 ihren letztlich bis heute beibehaltenen Namen erhielt.[39] Auf der Liste befanden sich alle im Stuttgarter Stadtgebiet vorhandenen Straßen, die nach österreichischen, oberschlesischen und westpreußischen sowie in Elsaß-Lothringen gelegenen Orten und Regionen benannt waren,[40] so zum Beispiel die „Burgenlandstraße", „Großglocknerstraße", aber auch die „Posener Straße", die „Pillauer Straße", die „Oberschlesische Straße", die „Oppelner Straße", die „Lothringer Straße" und die „Straßburger Straße".[41] Alle diese

---

33 Ebd., Schreiben v. Agnes B. an OB Klett v. 7.9.1945.
34 Ebd., Verzeichnis über die Straßen-Umbenennungen, 1. Vorschlag, genehmigt durch d. Erlass d. OB v. 26.5.1945.
35 Frei, 274.
36 StAS, Straßenbenennungen 113, Bü 1945, Schreiben d. Tiefbauamtes ans Wirtschaftsreferat d. Stadt Stuttgart v. 20.8.1945.
37 Ebd.
38 Ebd.
39 Landeshauptstadt Stuttgart (Hg.), Stuttgarter Straßennamen: 245.
40 StAS, Straßenbenennungen 113, Bü 1945, Schreiben d. Tiefbauamtes ans Wirtschaftsreferat d. Stadt Stuttgart v. 20.8.1945.
41 Ebd.

Straßennamen, von denen hier eine willkürliche Auswahl aufgeführt wurde, wurden bis zum heutigen Tag beibehalten.[42] Aus der Sicht von 1945 war dieser Umstand nicht selbstverständlich, da die Militärregierung der Stadt beispielsweise im November 1945 „empfahl" auf den Namen „Sudetenstraße" zu verzichten und durch „Rathenaustraße" zu ersetzen.[43] Da eine nähere Begründung für diese „Empfehlung" nicht gegeben wurde, kann über deren genauen Beweggründe nur spekuliert werden. Die Absicht, erst die endgültige territoriale Zugehörigkeit des Sudetengebietes abwarten zu wollen, mag ebenso darin zu sehen sein wie die Ehrung des Weimarer Politikers Walter von Rathenau, der von Rechtsextremisten ermordet worden war. Stellt man die Sudeten hingegen in den Kontext der NS-Außenpolitik als erste Gebietsforderung Hitlers, die Europa direkt an den Rand des Krieges rückte, und die die Vorstufe zur Zerschlagung der Tschechoslowakei sowie zum Beginn des Zweiten Weltkrieges bildete, darf auch davon ausgegangen werden, dass die dauernde Erinnerung an die Sudeten eher kritisch gesehen wurde. In der Beibehaltung dieser Namen jedoch einen zu leichtfertigen Umgang mit der jüngeren Vergangenheit zu sehen, der über die Erinnerung an verloren gegangene Gebiete revanchistischen Tendenzen Vorschub leisten könnte, mag voreilig erscheinen. Schlüssiger erscheint die These von Marion Werner, wonach bald der Nutzen solcher Namen als „mentaler Brückenschlag" für die Millionen Heimatvertriebener dienen konnte, die in den ersten Nachkriegsjahren zu integrieren waren.[44] Dafür spricht beispielsweise, dass Köln den 1937 von den Nationalsozialisten eingeführten „Ostpreußen-Cluster" unter seinen Straßennamen sogar noch ausbaute.[45]

Im Vergleich dazu eher großzügig wurde mit den Namen umgegangen, die sich auf Schlachtenorte des Ersten Weltkrieges bezogen. Auf der oben genannten Liste befanden sich immerhin neun dieser Straßen, die noch dazu ihre Namen ausnahmslos in der NS-Zeit erhalten hatten: „Arrasstraße" (1936), „Flandernstraße" (1936), „Namurstraße" (1936), „Narewstraße", „Ortelsburgerstraße" (1935), „Sommestraße" (1936), „Tannenbergstraße" (1936), „Ukrainerstraße" (1937) und „Ypernstraße" (1936).[46] Diese Straßennamen blieben

---

42 Landeshauptstadt Stuttgart (Hg.), Stuttgarter Straßennamen.
43 StAS, Straßenbenennungen 113, Bü 1945, Schreiben d. Military Gouverment Office an OB Klett v. 3.11.1945.
44 Werner, 82.
45 Ebd.
46 StAS, Straßenbenennungen 113, Bü 1945, Schreiben d. Tiefbauamtes ans Wirtschaftsreferat d. Stadt Stuttgart v. 20.8.1945.

wiederum ausnahmslos auch bis heute erhalten, wurden aber unter der neuen Sinngebung historisiert, dass mit ihnen nicht mehr an die Schlachten erinnert werden solle, die dort stattfanden, sondern an die dort gefallenen Opfer.[47] Ursprünglich hätte die Beibehaltung dieser Namen allerdings sogar gegen eine Direktive des Alliierten Kontrollrats verstoßen, wonach „Straßennamen, die deutsche Siege im Feindesland nach dem 1. August 1914 verherrlichen oder in ihrer Erinnerung wachhalten, durch geeignete Namen zu ersetzen sind."[48] Dasselbe Verfahren erfolgte mit den meisten Stuttgarter Straßen, die nach Schlachten aus den Kriegen Preußens benannt worden waren und ihre Bezeichnungen ebenfalls im Dritten Reich erhalten hatten: „Hohenfriedbergstraße" (1937), „Fehrbelliner Straße" (1937) und „Zorndorferstraße" (1933).[49] Sie bestehen ebenfalls noch heute.[50] Von diesem Standpunkt aus betrachtet muss sich mit dem zwischenzeitlichen Verschwinden des „Derfflingerplatzes" – benannt nach einem Feldherrn Friedrichs des Großen und der „Leuthener Straße" (nach der Schlacht in den Schlesischen Kriegen) – nicht zwangsläufig eine politische Absicht verbinden. Ähnliches gilt für die nach der westpreußischen Stadt benannten „Graudenzer Straße", die zusammen mit dem „Derfflingerplatz" noch auf der Liste von 1945 aufgeführt ist.[51] Letztlich entfielen von den 171 auf der Liste des Tiefbauamts aufgeführten Straßennamen alle diejenigen, die sich noch mit nationalsozialistischen Funktionsträgern verbanden, alle, die nach früheren deutschen Kolonien benannt waren[52], aber auch alle, die nach hohen Militärs Preußens oder des deutschen Kaiserreichs benannt waren – insgesamt 66.[53] Nicht immer mutet die dabei getroffene Auswahl aus heutiger Sicht nachvollziehbar an: So wurden beispielsweise die nach einem U-Boot-Kommandanten des Ersten Weltkriegs benannte „Behnckestraße" und die nach dem Jagdflieger Oswald Boelcke benannte „Boelckestraße" gestrichen, der ebenfalls nach einem

---

47 Landeshauptstadt Stuttgart (Hg.): Stuttgarter Straßennamen.
48 StAM, Straßenbenennungen 40/62/e, Bü 1940-1947, Schreiben v. OB Karl Scharnagl v. 30.4.1947 über d. Neubenennung v. Straßen m. Hinweisen auf d. Richtlinien d. Alliierten Kontrollrats u. d. US-Militärregierung, die v. bayer. Kultusministerium am 23.9.1946 in einer Entschließung übernommen wurden.
49 StAS, Straßenbenennungen 113, Bü 1945, Schreiben d. Tiefbauamts ans Wirtschaftsreferat v. 20.8.1945.
50 Landeshauptstadt Stuttgart (Hg.): Stuttgarter Straßennamen.
51 StAS, Straßenbenennungen 113, Bü 1945, Schreiben d. Tiefbauamtes ans Wirtschaftsreferat v. 20.8.1945.
52 Eine Ausnahme bildete die nach dem ersten Gouverneur von Deutsch-Südwestafrika benannte „[Theodor] Leutwein-Straße". Sie bestand bis 2008 und wurde erst im Zuge einer Neubewertung der Politik Leutweins umbenannt.
53 Ebd.

Weltkriegsjagdflieger benannte „[Werner-] Voß-Weg" (benannt 1939) jedoch beibehalten.⁵⁴ Der „Voß-Weg" besteht heute noch.⁵⁵ Die Scheu vor den Jagdfliegern Boelcke, Max Immelmann und Manfred von Richthofen – nach ihnen waren ebenfalls Straßen in Stuttgart benannt gewesen – ist kaum verständlich, dienten sie doch als Namensgeber für Kasernen der Bundeswehr und nicht zuletzt zwei Kampfgeschwader der Luftwaffe. Ähnliches gilt für den deutschnationalen Dichter Gorch Fock, der im Ersten Weltkrieg fiel. Die 1937 nach ihm benannte Straße in Stuttgart-Sillenbuch hat ihren Namen nie gewechselt, und sollte je die Diskussion darüber aufkommen, könnte stets auf einen prominenten Träger dieses Namens verwiesen werden: das Segelschulschiff der Bundesmarine. Alle diese Namen im Visier hatte der in Sillenbuch ansässige Bürger Karl B.⁵⁶ und gab damit ein weiteres eindrucksvolles Beispiel dafür, wie stark die Benennung der Straßen, aber vor allem auch die sich daraus ergebenden Assoziationen, die Menschen bewegten – trotz aller 1945 herrschenden materiellen Nöte und Existenzängste. Er machte im Auftrag des Sillenbucher Arbeitsausschusses unter anderem den Vorschlag, die „Roonstraße" (benannt nach dem früheren preußischen Kriegsminister) in „Eduard-Steinle-Straße" umzubenennen, nach einem verdienten Sillenbucher Gemeinderatsmitglied, die „Immelmannstraße" in „Richtstattstraße", die „Boelckestraße" in „Mendelssohnstraße", die „Treitschkestraße" in „Albblickstraße" und forderte, „statt des Verherrlichers des Krieges, Gorch Fock, den Namen des schwäbischen Dichters Schubart zu ehren."⁵⁷ Leider beschrieb Karl B. nicht alle seine Motivationen so genau wie im Falle Gorch Focks, denn gerade im Fall des preußischen Historikers Treitschke wäre dies interessant gewesen, um eine zeitgenössische Einschätzung dieser 1937 erfolgten Straßenbenennung zu erhalten. Fest steht, dass dem Vorschlag von Karl B. an zahlreichen Stellen entsprochen wurde, wenn auch Gorch Fock und Heinrich von Treitschke im Stadtbild präsent blieben. Dasselbe galt im Falle der ebenfalls vom Arbeitsausschuss Stuttgart-Sillenbuch problematisierten „Walter-Flex-Straße" und „Böhme-Straße": „Walter Flex war ein Verherrlicher des Militärs, was in seinen Gedichten oft zum Ausdruck kommt. Böhme war ein Fliegeroffizier. Beide müssen deswegen aus den Straßennamen verschwinden."⁵⁸ Die „Böhme-Straße" sollte deswegen

---

54 Ebd.
55 Landeshauptstadt Stuttgart (Hg.): Stuttgarter Straßennamen.
56 StAS, Straßenbenennungen 113, Bü 1945, Schreiben v. Karl B. an d. Stadtverwaltung Stuttgart v. 31.8.1945.
57 Ebd.
58 StAS, Straßenbenennungen 113, Bü 1945, Schreiben v. Karl B. an d. Stadtverwaltung Stuttgart v. 31.8.1945.

in „Clara-Zetkin-Straße", (die kommunistische Politikerin lebte jahrelang in Sillenbuch) und „Waldheimstraße" umbenannt werden.[59] Dem ersten Antrag wurde schließlich entsprochen, dem zweiten nicht.[60]

Die Betrachtung dieses völlig unterschiedlichen Vorgehens gegenüber Namen, die in ihrem Symbolgehalt miteinander verglichen werden können, führte zwangsläufig zu der Frage nach Erklärungsversuchen für dieses oftmals paradox anmutende Verhalten. Einen nachvollziehbaren Ansatz dafür liefert Martens mit seinem Hinweis, dass zwar zentrale Rahmenbedingungen für die Straßenumbenennungen in Form von Kontrollratsdirektiven existierten, „um alle Erinnerungen an kriegerische Handlungen nach 1914 sowie an Personen, Organisationen und Einrichtungen in diesem Kontext aus dem öffentlich-symbolischen Raum zu entfernen", die Umsetzung dieser Richtlinien aber den jeweiligen lokalen Behörden überlassen blieb beziehungsweise auch in den jeweiligen Besatzungszonen unterschiedlich ausgelegt wurde.[61] In Westdeutschland, so Martens weiter, blieb deshalb der nicht von der Direktive erfasste Zeitraum des Kaiserreichs oftmals unangetastet, wohingegen in der sowjetischen Besatzungszone hier bewusst erheblich weiter gegangen wurde:[62] „Für den Westen Deutschlands kann deshalb nicht von einer weitreichenden Entnazifizierung und Entmilitarisierung gesprochen werden."[63] Selbst in industriell geprägten Städten mit einem hohen Anteil von SPD-Wählern seien nach 1945 nur wenige Straßen umbenannt worden: In Essen beispielsweise nur 49 der 365, die vom NS-Oberbürgermeister getätigt worden waren.[64] Hier nimmt sich die Stuttgarter Bilanz vor allem in der unmittelbaren Nachkriegszeit in der Tat eindrucksvoller aus.

In München hatte die US-Militärregierung eine Frist zur Umbenennung von Straßennamen aus der NS-Zeit bis zum 4. Juli 1945 gesetzt, der ein so ehrgeiziger Zeitplan war, dass die Bezirksinspektionen der Stadt mancherorts dazu aufgefordert werden mussten, schneller zu arbeiten.[65] Die Anordnung

---

59 Ebd.
60 Landeshauptstadt Stuttgart (Hg.): Stuttgarter Straßennamen.
61 Martens: 65.
62 Ebd. So bestehen beispielsweise „Hindenburgstraßen" bis heute im schwäbischen Esslingen, im oberbayerischen Bad Tölz und im westfälischen Dormagen, also in verschiedenen Regionen Westdeutschlands, die nicht in geografischen Nähe zueinander liegen. [Die Beobachtungen wurden vom Verfasser zufällig gemacht und sind daher willkürlich aufgeführt.]
63 Ebd.
64 Zitiert nach ebd.
65 StAM, Straßenbenennungen 40/62/e, Bü 1940-1947, Schreiben d. Ref. VII/GA 2/5 an d. Bezirksinspektion 33 (Feldmoching) v. 1.8.1945.

der US-Besatzungsmacht hatte unmittelbare Konsequenzen für 104 Straßen und Plätze, als Stichtag für das Anbringen der neuen Beschilderung war der 31. August 1945, 18 Uhr, festgelegt worden.[66] Bei der Umsetzung der Anordnung wurde in München ähnlich wie in Stuttgart gründlich und differenziert vorgegangen. Der Wohnungsausschuss empfahl deshalb in seiner Sitzung vom 27. August 1945, eine Gutachterkommission für Straßen einzusetzen und bei Namen, „deren Zugehörigkeit zum Dritten Reich nicht ohne weiteres feststellbar ist", eine Einzelfallprüfung vorzunehmen.[67] Zudem wurden in 74 Fällen die Erläuterungen zu den Straßennamen im Adressbuch abgeändert beziehungsweise mit Zusätzen versehen, die sich auf das Dritte Reich bezogen[68] – gemäß der auch in Stuttgart und an anderen Orten herrschenden Erkenntnis, dass sich mit demselben Namen völlig unterschiedliche Symbolgehalte verbinden konnten, je nachdem, wann oder zu welchem Anlass die Benennung erfolgt war. Münchens Oberbürgermeister Karl Scharnagl erkundigte sich sogar bei Amtskollegen über die in deren Städten geübte Umbenennungspraxis. Der Oberbürgermeister von Bayreuth stellte in seinem Antwortschreiben anderen Städten dabei ein eher zurückhaltendes Zeugnis aus: „Nach mir bekannt gewordenen Mitteilungen sollen in unseren Nachbarstädten nur rein nazistische Namen entfernt oder lediglich die nach 1933 eingeführten Namensänderungen aufgehoben worden sein."[69] Auch seien die Schlachtennamen des 1870-er Krieges beibehalten worden.[70] Dieser Umstand gilt für München wie für Stuttgart bis zum heutigen Tage und dürfte aus heutiger Sicht wohl eine eher vernachlässigbare Größe darstellen, wenn sie ins Verhältnis zur Historisierung der zeitlich wesentlich näher liegenden Schlachtennamen des Ersten Weltkrieges gesetzt wird. Nach der bereits oben erwähnten Entschließung des bayerischen Kultusministeriums vom Herbst 1946, die auf den Richtlinien der US-Militärregierung basierte, wurden für München dieselben Grundsätze bei Straßenum- und -neubenennungen festgeschrieben: „Straßennamen, die deutsche Siege im Feindesland nach dem 1. August 1914 verherrlichen oder in ihrer Erinnerung wachhalten, sind durch geeignete Namen zu ersetzen."[71] Damit waren zugleich alle deutschen Siege vor dem 1. August 1914 sanktioniert und

---

66 Ebd.
67 Ebd., Protokoll d. Sitzung d. Wohnungsausschusses v. 27.8.1945.
68 Ebd.
69 Ebd., Schreiben d. Bayreuther OB an d. Münchener OB v. 26.3.1947.
70 Ebd.
71 StAM, Straßenbenennungen 40/62/e, Bü 1940-1947, Anordnung d. Münchener OB v. 30.4.1947.

weiterer Diskussion entzogen. Noch heute erinnert beispielsweise ein ganzes Straßenviertel um den Ostbahnhof der bayerischen Landeshauptstadt an den deutsch-französischen Krieg von 1870/71. Zu den Eintragungen in den Adressbüchern wurde bestimmt, dass sie „den jetzigen Verhältnissen anzupassen" seien.[72] Die militärische Tradition Deutschlands sollte offenbar weitergeführt werden, denn sonst hätte dieser Passus keinen Sinn gemacht: „Straßennamen verdienter Wehrmachtsangehöriger, die in anständiger Weise gehandelt haben und deren Taten nicht von nationalsozialistischem Geist inspiriert waren, sind zu belassen, es sei denn, dass sie in der Nazibewegung merkbar hervorgetreten sind."[73] Eine Bestimmung, die Fragen offen hieß: Niemand konnte wohl zu dem Zeitpunkt, zu dem die Anordnung von OB Scharnagl erging, für sich in Anspruch nehmen, einen Überblick über alle „verdienten Wehrmachtsangehörigen" zu besitzen und beurteilen zu können, ob diese „in anständiger Weise" gehandelt hatten. Den einzigen Orientierungspunkt für diese Kriterien bildeten zu diesem Zeitpunkt die bis dahin abgeschlossenen Kriegsverbrecherprozesse. Scharnagls Maßgabe mutet somit als förmlicher Vorgriff auf die spätere Politik des ersten Verteidigungsministers der Bundesrepublik Deutschland, Theodor Blank, an, Deutschlands militärische Vergangenheit nicht pauschal zu verdammen, aber auch nicht zu glorifizieren,[74] um nicht den Aufbau der Bundeswehr zu gefährden, der ohne ehemalige Wehrmachtsangehörige technisch nicht machbar war. Zudem konnten im Nürnberger Hauptkriegsverbrecherprozess weder das Oberkommando der Wehrmacht noch die Generalstäbe der Teilstreitkräfte als verbrecherische Organisationen im Sinne der Anklage verurteilt werden.[75] Und schließlich gab es, und das soll nicht verkannt werden, in der Tat auch Beispiele für dezidierte Stellungnahmen hoher Wehrmachtsoffiziere gegen die NS-Besatzungspolitik wie die des Generals Blaskowitz in Polen. Aus dieser Sicht erscheint Scharnagls Umgang mit ehemaligen Wehrmachtsangehörigen als pragmatisch und den damals noch sehr unvollständigen Kenntnissen über die Verstrickungen der Wehrmacht in die Verbrechen des NS-Regimes als angemessen. Hinzu kommt, dass Scharnagl in derselben Anordnung auch ausdrücklich empfahl, bei Auswahl neuer Namensgeber für Straßen und Plätze

---

72 Ebd.
73 Ebd.
74 Scholten, Jens: Offiziere: Im Geiste unbesiegt. In: Frei, Norbert (Hg.): Hitlers Eliten nach 1945, ³ München 2007, 117-164, hier: 117.
75 Ebd., 119 f.

auch die „Opfer der NS-Gewaltherrschaft" zu bedenken.[76] Auch die aktiven Widerständler gegen das NS-Regime wurden – wiederum ähnlich wie in Stuttgart – zu diesem frühen Zeitpunkt schon berücksichtigt, auch wenn die Umsetzung noch auf Schwierigkeiten stieß: „Der Gedanke, die Namen der Opfer des Prozesses Scholl-Schmorell und des 20.7.1944 zu verwenden, ließ sich bei dieser Vorlage noch nicht verwirklichen. Das Referat hat hierüber keine Unterlagen, das Stadtarchiv hat seine Tätigkeit noch nicht aufgenommen; auch die Stadtbibliothek kann die Namen nicht liefern. Die Nachforschungen werden weiter fortgesetzt."[77] Auf jeden Fall war in München die Entfernung der Namen von Straßen und Plätzen bis Herbst 1945 abgeschlossen, und OB Scharnagl stellte deshalb bei der US-Militärregierung sogar den Antrag auf Genehmigung einer entsprechenden Rundfunkdurchsage, „daß alle NS-Namen beseitigt sind und jeder sich wegen der großen Menge der Betroffenen selbst über die neue Benennung seiner Straße informieren soll."[78] Wenige Tage zuvor war der Militärregierung von OB Scharnagl eine Aufstellung mit 105 genehmigten Umbenennungen übergeben worden[79], deren Inhalt nicht überrascht. Darin wurden sämtliche Namen mit nationalsozialistischem Bezug eliminiert und entweder durch die früheren Benennungen – oft nach Politikern der Weimarer Republik – ersetzt, meist aber durch geografische Bezeichnungen oder Namen verdienter Münchener Bürger, also politisch neutrale Termini, ersetzt.[80]

In Stuttgart erreichte die Diskussion um die Straßennamen und damit auch die Dominanz des öffentlichen Raums im Herbst 1945 noch einmal einen Höhepunkt. Anfang Oktober wandte sich die Städtische Hauptaktei mit der Frage an den Oberbürgermeister, „ob auch die seinerzeit nach dem Reichspräsidenten Hindenburg benannten Straßen und Plätze und ob die nach den ehemaligen deutschen Kolonien benannten Straßen in Obertürkheim umbenannt werden sollen."[81] Das Echo auf die Anfrage, die OB Klett an seine Amtsleiter weitergab, war geteilt. Dr. Kruse antwortete: „Das Streben nach deutschen Kolonien kann bei vorurteilsfreier Betrachtung nicht schlechthin als Ausdruck eines deut-

---

76 StAM, Straßenbenennungen 40/62/e, Bü 1940-1947, Anordnung d. Münchener OB v. 30.4.1947.
77 Ebd., Beschluss des Oberbürgermeisters nach dem Vortrag d. Dez. VII GA 2/5, ohne Datum.
78 Ebd., Antrag d. Münchener OB an die US-Militärregierung auf Genehmigung einer Rundfunkdurchsage v. 17.9.1945.
79 Ebd., Straßenbenennungen 40/65, Bü 1940-1947, Anlage zum Brief v. OB Scharnagl an d. Militärregierung, Abt. Presse u. Radio, v. 5.9.1945.
80 Ebd.
81 StAS, Straßenbenennungen 113, Bü 1945, Schreiben d. Städt. Hauptaktei Stuttgart an d. OB v. 1.10.1945.

schen Willens zur Weltherrschaft gelten. […] Die in den Kolonien vollbrachten deutschen Leistungen bilden ein Stück deutscher Geschichte, das grundsätzlich nicht anders bewertet werden kann als die entsprechende Kolonialgeschichte der anderen Völker."[82] Dr. Haussmann sprach sich ebenso für eine Umbenennung aus, das Rechtsamt sah darin keine Notwendigkeit.[83] Die Bezirksbürgermeisterei Obertürkheim forderte hingegen „dringende Änderungen" an diesen Straßennamen, weil die Obertürkheimer „sich dagegen auflehnen, mit einem Kolonialvolk verglichen zu werden"[84] – ein eigenwilliges Argument, das aber angesichts der Tatsache, dass die Umbenennung der „Kolonialstraßen" ohnehin von Anfang an ins Auge gefasst war,[85] keinen Anlass mehr zu Nachfragen gab. Auf die Kolonialnamen wurde ein Jahr später verzichtet.

Eine wesentlich vielschichtigere und kontroversere Diskussion löste jedoch die in demselben Rundschreiben geäußerte Frage Kletts aus, wie mit den nach Hindenburg und „geschichtlich bedeutsamen Heerführern – vor allem aus dem 19. Jahrhundert –" benannten Straßen und Plätzen zu verfahren sei.[86] Amtsleiter Haussmann sprach sich im Fall der Heerführer dafür aus, „von Fall zu Fall" zu entscheiden, bei Hindenburg aber darauf Rücksicht zu nehmen, dass es sich bei dem früheren Reichspräsidenten um eine „geschichtliche Figur" handle: „Abgesehen davon, wie man zu seiner Persönlichkeit vom Standpunkt des Militaristen und Politikers aus eingestellt sein mag, halte ich es nicht für notwendig, nach ihm benannte Straßen und Plätze umzubenennen."[87] Noch entschiedener stellte sich das Rechtsreferat in seiner Stellungnahme hinter die Person Hindenburgs. Die Frage, ob eine Umbenennung der nach ihm benannten Straßen und Plätze notwendig erachtet werde, beantwortete es mit einem knappen „Nein".[88] Selbst die Namen von Heerführern „früherer Zeiten" seien nicht zu beanstanden, wenn diese nicht in engem Zusammenhang mit der NSDAP stünden: „So richtig es ist, die Spuren des Nationalsozialismus aus der Öffentlichkeit zu vertilgen, so wenig können die Bestrebungen gebilligt werden, die große Vergangenheit vor der Zeit des Nationalsozialismus aus dem

---

82 StAS, Straßenbenennungen 113, Bü 1945, Schreiben v. Dr. Kruse an d. OB v. 11.12.1945.
83 Ebd., Stellungnahme d. Rechtsreferats zur Frage d. Straßenumbenennungen, ohne Datum u. Antwort v. Dr. Haussmann an OB Klett v. 20.12.1945.
84 Ebd., Schreiben d. Bezirksbürgermeisterei Obertürkheim ans Wirtschaftsamt d. Stadt Stuttgart v. 5.12.1945.
85 Ebd., Schreiben d. Wirtschaftsamtes d. Stadt Stuttgart an d. Bezirksbürgermeisterei Obertürkheim v. 11.12.1945.
86 Ebd., Rundschreiben d. OB an die städt. Amtsleiter v. 10.12.1945.
87 Ebd., Antwortschreiben v. Dr. Haussmann an OB Klett v. 20.12.1945.
88 Ebd., Antwortschreiben d. Rechtsreferat an OB Klett v. 20.12.1945..

Gedächtnis auszulöschen."[89] Klett selbst war in dieser Frage ganz offensichtlich um eine objektive Meinungsbildung bemüht. Aus diesem Grund fand ein Leserbrief aus der „Neuen Zeitung" München sein besonderes Interesse, in dem ein Leser seine besondere Skepsis gegenüber der weiteren Präsenz des Namens Hindenburgs im öffentlichen Raum zum Ausdruck brachte: „Wer war Hindenburg? [...] Verdient diese Vergangenheit, konserviert an eine nur aus unserer Arbeit neu entstehende Zukunft weitergegeben zu werden? Was spricht dafür?"[90] Noch dezidierter formulierte Dr. Kruse seine ablehnende Meinung über Hindenburg: „Die Umbenennung solcher Straßen und Plätze erscheint unbedingt geboten. Es ist eine geschichtliche Tatsache, daß das staatsmännische Versagen Hindenburgs unmittelbar die sogenannte Machtergreifung Hitlers ermöglicht hat. Der Mangel an Weitblick und die Engherzigkeit seiner parteipolitischen Bindung an die sogenannten nationalen Kreise hat Hindenburg über das Gebot der Stunde hinweggehen lassen, die von Stresemann begonnene und von Brüning [...] entwickelte Politik des Ausgleichs [...] mit allen Mitteln zu unterstützen. Hindenburgs politisches Versagen [...] ist ein so offenkundiges feststehendes Factum, daß sich auch aus diesem Grunde eine öffentliche Ehrung dieses Mannes verbietet."[91] In bemerkenswerter Weise griff Dr. Kruse in seinem Schreiben an den Oberbürgermeister den Erkenntnissen vor, welche die jüngste Forschung über die Rolle Hindenburgs bei der Ernennung Hitlers zum Reichskanzler Jahrzehnte später gewinnen sollte.[92] Völlig gegensätzlich formulierte hingegen ein weiterer Amtsleiter seinen Standpunkt: „Ich habe gegen die Belassung der Straßenbenennungen kein Bedenken. Hindenburg war eine allseitig und von den verschiedensten Parteirichtungen verehrte Persönlichkeit. Wer Friedrich den Großen zum Militaristen stempeln will, [...] verrät mangelhafte Geschichtskenntnisse. Ich bin überzeugt, daß wir uns nicht die Achtung des Auslandes, am allerwenigsten die der Engländer und Amerikaner, erwerben, wenn wir durch die zur Erörterung stehenden Umbenennungen von großen Persönlichkeiten unserer Geschichte abrücken."[93]

---

39 Ebd.
90 StAS, Straßenbenennungen 113, Bü 1945, Städt. Informationsdienst Stuttgart, Ausschnitt aus der „Neuen Zeitung" München, Nr. 6 v. 4.11.1945.
91 Ebd., Antwortschreiben v. Dr. Kruse an OB Klett v. 11.12.1945.
92 Pyta, Wolfram: Hindenburg. Herrschaft zwischen Hohenzollern und Hitler, München 2007.
93 StAS, Straßenbenennungen 113, Bü 1945, Antwortschreiben des Amtsleiters (Unterschrift unleserlich, evtl. Dr. Weidler) an OB Klett v. 19.11.1945.

Festzuhalten bleibt: Die Debatte um die Wertung des Reichspräsidenten Hindenburg in den letzten Monaten der Weimarer Republik und bei der Ernennung Hitlers zum Reichskanzler begann bereits unmittelbar nach dem Ende des Dritten Reiches und wurde mit ähnlichen Argumenten wie heute geführt. Die Stuttgarter Stadtführung nahm an dieser Debatte regen Anteil und berücksichtigte dabei die Argumente aus der Bürgerschaft. OB Klett ließ deswegen einen Leserbrief „Gegen den Geist des Militarismus"[94] aus der „Stuttgarter Zeitung" an seine Amtsleiter verteilen, um eine Meinungsbildung auf möglichst breiter Basis zu erreichen. Dieser Brief warf die grundsätzliche Frage auf, ob nicht auf jegliche militärische Traditionspflege besser zu verzichten sei: „Der Ungeist der Hitlerclique ist von der Bildfläche verschwunden, der Geist des Militarismus aber wird weiter gepflegt. Glauben in Deutschland jene Kreise wirklich mit Hilfe der alten Militärkaste jemals wieder an die Macht zu gelangen? […] Für den demokratischen Teil des Volkes aber ist es ebenso an der Zeit, etwas rücksichtsloser durchzugreifen […] Hier gilt nur eines, heraus mit dem Geist des Preußentums, heraus mit den Bildern Hindenburgs, Fridericus Rex´ …"[95] Diese Forderung nach der Bildung eines neuen Bewusstseins und Geschichtsverständnisses wurde auch von städtischen Behörden unterstützt. „Eine Umbenennung der Straßen, die nach Hindenburg oder historisch bedeutsamen Heerführern des 19. Jahrhunderts benannt sind, ist nur dann sinnvoll, wenn der Umbenennung eine Revision unseres gegenwärtigen Geschichtsbildes vorangeht", heißt es in der Stellungnahme des städtischen Informationsdienstes.[96] Ganz besonders notwendig sei eine Revision im Fall Hindenburgs, so der Informationsdienst weiter.[97] „Bescheidene Ansätze zu einer historischen Neuorientierung" gebe es bereits, diese seien aber „kaum in den Kreis der Gebildeten und erst recht nicht in das Bewusstsein der breiten Massen gedrungen."[98] Ebenfalls befürwortete der Informationsdienst eine Beseitigung der Kolonialstraßennamen, führte aber als einziges befragtes Amt grundsätzliche Kritik am deutschen Kolonialismus als Argument gegen eine Weiterverwendung ins Feld: „Obendrein ist die Geschichte der deutschen Kolonialpolitik nicht gerade sehr glanzvoll."[99] Die Zen-

---

94 Ebd., Rundschreiben v. OB Klett an die städt. Amtsleiter v. 15.11.1945.
95 StAS, Straßenbenennungen 113, Bü 1945, Rundschreiben v. OB Klett an die städt. Amtsleiter v. 15.11.1945.
96 Ebd., Antwort d. Städt. Informationsdienstes an OB Klett v. 29.11.1945.
97 Ebd.
98 Ebd.
99 Ebd.

tralstelle des Arbeitsausschusses Groß-Stuttgart hegte sogar starke Bedenken, ob „die alliierte Militärregierung zu dem aufrichtigen Willen einer deutschen, antinazistischen Neuordnung Vertrauen gewinnen kann, solange ein Hindenburgplatz noch besteht."[100]

Schließlich waren die Straßenum- und -neubenennungen von 1945 auch nicht ohne lokale Befindlichkeiten. Im Kern ging es dabei stets um die Frage, ob mit den neuen Namen bruchlos an die Tradition vor 1933 angeknüpft werden sollte, oder ob mit den neuen Namen eine bewusste Annäherung an den Widerstand gegen den Nationalsozialismus gesucht werden sollte. So wehrte sich das Bezirksbürgermeisteramt Stuttgart-Vaihingen beispielsweise gegen die Umbenennung der „Adolf-Hitler-Straße" in „Witzlebenstraße" mit der Begründung, „die Straße ist als Hauptstraße bereits jetzt der Bevölkerung allgemein geläufig und sie hat vor 1933 diesen Namen gehabt."[101] Zum Teil mutete diese Begründung der Eingabe allerdings vordergründig an, denn an anderer Stelle hieß es, die Umbenennung in „Witzlebenstraße" „dürfte auch von Seiten der Bevölkerung nicht gut geheißen werden."[102] Auf den Punkt gebracht: Seitens der Bevölkerung gab es offensichtlich kein verlässliches Votum, nur der Gemeinderat wollte die frühere „Hauptstraße" wiederhaben. Schlichte Informationsdefizite bei der gewaltigen Straßenumbenennungsaktion beklagte hingegen die Bezirksbürgermeisterei Weil im Dorf, die vorgeschlagen hatte, die frühere dortige „Hans-Schemm-Straße" nach dem sozialdemokratischen Kommunalpolitiker Karl Frey zu benennen, was offensichtlich nicht geschehen sei: „In der Zwischenzeit wurde uns wiederholt zugetragen, daß die Straße in „Köstlinstraße" umbenannt sei. Andererseits wird die Straße von einem Teil der Einwohnerschaft als ‚Stuttgarter Straße' bezeichnet. Für alle drei Namen liegt jedoch keinerlei schriftliche Bestätigung vor."[103] Der Arbeitsausschuss des Ortsamtes Stuttgart-Möhringen bemängelte, dass seine Vorschläge für Straßenbenennungen nicht berücksichtigt worden seien: „Wir bedauern außerordentlich, daß unsere Vorschläge in keiner Weise berücksichtigt oder beachtet wurden. Es ist uns ebenso unverständlich, daß wir nicht einmal darüber gehört wurden […] Mit

---

100 Ebd., Schreiben d. Zentralstelle d. Arbeitsausschusses Groß-Stuttgart an OB Klett betr. Straßenum- und Neubenennungen v. 7.10.1945.
101 Ebd., Schreiben d. Bezirksbürgermeisteramtes Stuttgart-Vaihingen an d. Stadtplanungsamt Stuttgart v. 24.10.1945.
102 Ebd.
103 Ebd., Schreiben d. Bezirksbürgermeisterei Weil im Dorf an d. Statistische Amt d. Stadt Stuttgart v. 26.10.1945.

Recht erhebt die Einwohnerschaft dagegen ihre Stimme und fühlt sich zurückgesetzt, weil ein solches Handeln in keiner Weise den demokratischen Grundsätzen entspricht."[104] Wie ein Schreiben des Stadtteils Vaihingen beweist, lag auch der Meinungsbildung in den Ausschüssen der Stadtbezirke dieselbe komplizierte und differenzierte Auseinandersetzung mit den historischen Fakten zu Grunde wie innerhalb der Stadtführung. So erhob die Bezirksbürgermeisterei Einspruch bei insgesamt 12 von 24 Vorschlägen und wollte dabei sogar aus der „Bismarckstraße" – sie hatte diesen Namen schon vor 1933 besessen – die „Friedenstraße" machen.[105] Offenbar sah die Bürgermeisterei den Reichskanzler zu sehr in der Nähe von „Militarismus und Krieg"[106], deren Beseitigung im Stadtbild sie sich auf die Fahnen geschrieben hatte.

Wie in Stuttgart und München hatte auch in Köln die Rückbenennung von Straßen und Plätzen unmittelbar mit dem Einmarsch der Alliierten begonnen. In der ersten Welle waren davon 27 Namen betroffen.[107] Rund ein Jahr später hielt der Stadtrat bereits in einer Aktennotiz fest, dass „alle Straßennamen aus der Nazizeit ausgemerzt" seien.[108] Insgesamt wurden in der Domstadt am Rhein von 1945 bis 1956 92 Straßennamen völlig getilgt: 28 durch Beseitigung der nationalsozialistischen Benennungen, 27 erhielten die Namen aus der Weimarer Republik zurück, und 37 Straßen verschwanden in Folge von Bombenschäden völlig vom Stadtplan.[109] Als erstes entfielen logischerweise alle Namen mit unmittelbarem Bezug zum NS-Regime, dann die mit nationalsozialistischer Sinngebung, dann die mit kolonialistischem und revanchistischem Bezug, gefolgt von den monarchistischen Namen – beschränkt allerdings auf diejenigen Benennungen, die im Dritten Reich erfolgt waren – und schließlich 18 Namen von Straßen und Plätzen, die nach militärischen Führern benannt worden waren.[110] „Übersehen" wurden dabei der „Wiener Platz", der erst 1938 nach dem „Anschluss" Österreichs seinen Namen erhalten hatte sowie die nach den deutschen Kolonialeroberern benannten Straßen „Carl-Peters-Straße" und „Lüderitz-Straße". Erst 1988 fiel der Beschluss zur Aufhebung dieser mittler-

---

104 Ebd., Schreiben d. Arbeitsausschusses Stuttgart-Möhringen ans Wirtschaftsamt Stuttgart v. 5.12.1945.
105 Ebd., Schreiben d. Bezirksbürgermeisterei Stuttgart-Vaihingen an OB Klett v. 13.12.1945.
106 Ebd.
107 Werner: 17.
108 Ebd., 18.
109 Ebd., 32.
110 Ebd., 33/34.

Straßen und Plätze im Dritten Reich – Die Bereinigung des öffentlichen Raums 107

weile strittig gewordenen Namen, der schließlich 1990 umgesetzt wurde[111] – zur selben Zeit, in der auch beispielsweise mit der Beseitigung der „Leutweinstraße" die letzte Erinnerung an den deutschen Kolonialismus in Stuttgart getilgt wurde. In München wurde dieser Punkt bei weitem nicht so konsequent abgehandelt: Bis heute besteht im Münchener Osten ein ganzes Viertel, dessen Straßen nach ehemaligen Kolonien des Deutschen Reiches benannt sind. Eine generelle politische Debatte auf breiter Basis um die Einschätzung von Straßennamen mit militärischem und monarchistischem Hintergrund wurde in Köln erst zwei Jahre nach Kriegsende mit der Initiative des SPD-Stadtrats Heidecke losgetreten mit dem Argument, „eine allgemeine Bereinigung von allen Erinnerungen an die Personen und Kreise vorzunehmen, die durch ihre unheilvolle Tätigkeit und deren Auswirkung zu den heutigen Zuständen geführt haben."[112] Zu diesem Zeitpunkt war in Stuttgart diese Diskussion mit den Debatten um Hindenburg und die Militärs des 19. und 20. Jahrhunderts schon lange erledigt. Als „Flucht vor der Erinnerung" und „Verdrängung statt Aufarbeitung"[113] hat denn auch Marion Werner diese Kölner Politik bezeichnet. 1948 wurde dort schließlich ein Sonderausschuss für Straßenumbenennungen installiert, der die ersten Grundsätze für Straßennamen aufstellte: Bevorzugt verwendet sollten danach bedeutende Persönlichkeiten sowie Flurnamen in den Außenbezirken. Drei generelle Trends definiert Marion Werner in ihrer Untersuchung der Kölner Straßennamenpolitik in der Nachkriegszeit: Die Restauration katholischer Namen, die der religionsfeindlichen Politik der Nationalsozialisten zum Opfer gefallen waren, eine teilweise Entpolitisierung des öffentlichen Raums und eine weitestgehende Tabuisierung militärischer Bezüge.[114] Auch eine verstärkte Neigung zur Würdigung von Namen mit sozialem Bezug sei festzustellen.[115]

Der Gesamtüberblick über die bis Ende 1946 erfolgten Straßenumbenennungen in Stuttgart wies schließlich 136 Namen aus.[116] Im Falle der bis dahin bestehenden acht „Hindenburgstraßen" beziehungsweise „Hindenburgplätze" hatte sich die Position derjenigen durchgesetzt, die den ehemaligen Reichspräsidenten eher kritisch beurteilten. Alle nach ihm benannten öffentlichen Orte

---

111 Ebd., 34, 66; die „Carl-Peters-Straße" wurde in „Namibia-Straße", die „Lüderitz-Straße" in „Usambara-Straße" umbenannt.
112 Ebd., 35.
113 Ebd., 35, 149.
114 Ebd., 133, 149, 156.
115 Ebd., 164.
116 StAS, Straßenbenennungen 113, Bü 1946, Verzeichnis der Straßenumbenennungen, ohne Datum.

wurden bis zu diesem Zeitpunkt umgewidmet, in aller Regel, wie die neuen Namen „Bahnhofplatz", „Rembrandtstraße" oder „Weilimdorfer Straße" zeigen, in bewusst unpolitischem Kontext.

Die grundsätzliche Überarbeitung des Stuttgarter Stadtplans war zur Jahreswende 1945/46 unvermindert fortgesetzt worden, auch wenn im Hinblick auf die materiellen und finanziellen Zwänge der Nachkriegszeit nur „die vordringlichsten Fälle"[117] behandelt werden sollten, wie es in einem Schreiben der Städtischen Hauptaktei hieß: „Bei den von den Ortsämtern und Arbeitsausschüssen gemachten Vorschlägen handelt es sich in der Hauptsache um Straßen", so die Hauptaktei, „die nach ehemaligen deutschen Admirälen, Generälen, Fliegern und Politikern benannt worden sind. Es bedarf einer grundsätzlichen Klärung, ob diesen Vorschlägen gegenwärtig entsprochen werden soll."[118] Nicht gelten sollte diese einschränkende Abwägung für die als eindeutig unhaltbar empfundene „Adalbert-Stifter-Straße" (Umbenennung in „Eduard-Pfeiffer-Straße"), das „Haus des Deutschtums" (Rückbenennung in „Waisenhaus"), die „Adolf-Hitler-Kampfbahn" (Umbenennung in „Stuttgarter Stadion") und die in Obertürkheim konzentrierten „Kolonialstraßen".[119] Mit letzterer Einschätzung rannte die Stadtverwaltung bei der Bezirksbürgermeisterei Obertürkheim grundsätzlich offene Türen ein. Dennoch dauerte es noch einige Zeit, bis man sich schließlich auf eine Mischung aus Obst- und Beerennamen sowie Landschaftsbezeichnungen als Ersatz geeinigt hatte.[120] Im Zuge dieser Diskussion hatte das Städtische Vermessungsamt sogar den Vorschlag gemacht, „ob die Namen Wissmann-, Lüderitz- und Peterstraße nicht belassen werden sollen, nachdem die Bezeichnungen Leutwein- und Lettow-Vorbeck-Straße nicht zur Umbenennung vorgesehen sind. In beiden Fällen handelt es sich um Namen, die mit der deutschen Kolonialgeschichte in untrennbarem Zusammenhang stehen."[121] Eine Auffassung, die zumindest im Fall von Carl Peters, über dessen Gräueltaten in Ostafrika auch 1946 schon genaue Kenntnis bestand, eigenartig anmutet. Was Wissmann und Leutwein anbetraf, so sollte es noch Jahrzehnte dauern, bis sich die Forschung eine abschließende Meinung bildete. Gerade ihre Namen wurden 1946 noch beibehalten, die von Lüderitz und Lettow-Vorbeck dagegen verworfen.[122]

---

117 Ebd., Schreiben d. Städt. Hauptaktei an OB Klett v. 14.1.1946.
118 Ebd.
119 Ebd.
120 StAS, Straßenbenennungen 113, Bü 1946, Verzeichnis der Straßenumbenennungen, ohne Datum.
121 Ebd., Schreiben d. Stadtvermessungsamtes ans Wirtschaftsamt v. 29.1.1946.
122 Ebd., Verzeichnis der Straßenumbenennungen, ohne Datum.

Noch bedeutendere Triebkräfte als in der Umbenennungswelle von 1945 waren 1946 die Bezirksbürgermeistereien und Stadtteilämter, wenn die Vorschlagslisten und Eingaben als Gradmesser dienen dürfen. Weil im Dorf beispielsweise wollte mit seinen Vorschlägen einen ganz bewussten Bruch mit der militärischen Vergangenheit Deutschlands herbeiführen. Abgelehnt wurden dort für eine weitere Verwendung auch alle Namen aus den preußischen und Befreiungskriegen: „Derfflingerplatz", „Fehrbellinerstraße", „Ferdinand-Schill-Straße", „Hohenfriedberger Straße", „Katzbachstraße", „Leuthener Straße", „Lützowstraße", „Nollendorfstraße", „Rossbachstraße", „Seydlitzstraße", „Torgauer Straße", „Zietenstraße", „Zietenplatz" und „Zorndorfer Straße".[123] In 50 Prozent aller Fälle wurde diesen Wünschen entsprochen: Es entfielen die „Seydlitzstraße", die „Zietenstraße", die „Ferdinand-Schill-Straße", die „Lützowstraße", der „Derfflingerplatz" und der „Zietenplatz".[124] Welche Überlegungen den einzelnen Pro- und Contra-Entscheidungen dabei zu Grunde lagen, ist anhand der Quellenlage leider nicht nachvollziehbar. In dieselbe Richtung wie in Weil im Dorf gingen die Vorschläge des Ortsamts Stuttgart-Vaihingen, das folgende Straßennamen beseitigt sehen wollte: „Admiral-Scheer-Straße", „Blücherstraße", „Boelckestraße", „Gneisenaustraße", „Hindenburgstraße", „Immelmannstraße", „Moltkestraße", „Richthofenstraße", „Scharnhorststraße", „Tannenbergstraße", „Thingstraße", „Weddigenstraße", „Zietenstraße" und „Bismarckstraße".[125] Nach den angestrebten künftigen Bezeichnungen zu urteilen, sollte dabei in einigen Fällen bewusst ein Kontrapunkt zu den bisherigen Namen gesetzt werden. Aus der „Admiral-Scheer-Straße" sollte beispielsweise die „Venusstraße", aus der „Gneisenaustraße" die „August-Bebel-Straße", aus der „Moltkestraße" die „Karl-Liebknecht-Straße" werden.[126]

Als exemplarisches Beispiel einer genauen Einzelfallprüfung auch bei weniger bekannten Amtsträgern aus der NS-Zeit stand die „Alfred-Dehlinger-Straße", die zu einem Schriftwechsel zwischen dem Wirtschafts- und Vermessungsamt führte. „Außerdem wies Herr S. darauf hin, daß sich in Möhringen noch eine nach einer verflossenen Nazi-Größe benannte Straße, die ‚Alfred-Dehlinger-Straße' befindet (angeblich benannt nach einem Finanzminister des

---

123 Ebd., Vorschlagsliste d. Bezirksbürgermeisterei Weil im Dorf f. Straßenumbenennungen v. 16.1.1946.
124 Ebd., Verzeichnis der Straßenumbenennungen, ohne Datum.
125 Ebd., Anlage z. Schreiben d. Städt. Hauptaktei an OB Klett v. 14.1.1946.
126 StAS, Straßenbenennungen 113, Bü 1946, Anlage z. Schreiben d. Städt. Hauptaktei an OB Klett v. 14.1.1946.

3. Reiches), [...] Da ich aus meinen Unterlagen nicht entnehmen kann, ob es sich bei dem Alfred Dehlinger tatsächlich um eine verflossene Systemgröße handelt, wäre ich für eine entsprechende Unterrichtung dankbar."[127] Das Vermessungsamt sah allerdings in der Person des Ex-Ministers keinen kritischen Punkt: „Alfred Dehlinger war württembergischer Finanzminister von ungefähr 1923 an, blieb als tüchtiger und sparsamer Finanzminister auch 1933 im Amt und trat ungefähr 1941 altershalber in den Ruhestand. Er war keine Nazigröße, sondern gehörte früher den Deutschnationalen an."[128] Dehlinger gilt auch aus heutiger Sicht als bedeutsamer Verwaltungsrechtler und war nie NSDAP-Mitglied.[129] Die nach ihm benannte Straße im Stadtteil Möhringen besteht bis heute.[130] Auch die „Goslarer Straße" blieb nach dem Willen der Stadtverwaltung erhalten, die keinen Grund für eine Umbenennung sah, nur weil die „Goslarer Straße" ihren Namen 1937 und in der Begründung zur Namensgebung die Erläuterung „Reichsbauernstadt" erhalten hatte.[131] Hier kam offenbar eine ähnliche Einschätzung zum Tragen wie bei den nationalen Dichtern Walter Flex und Gorch Fock benannten Straßen, die bereits oben erwähnt wurden. Wie die „Goslarer Straße" blieben auch sie bis heute erhalten.[132]

Einen Überblick über die gesamten Aktivitäten auf dem Gebiet der Straßenbenennungen in Stuttgart bis zu diesem Zeitpunkt gibt ein Bericht der Stadtverwaltung vom 13. August 1946.[133] Die Bilanz verzeichnet 74 Umbenennungen „aus politischen Gründen", 12 weitere „die vordringlich zu bearbeiten seien (Straßennamen ehemaliger deutscher Kolonien)", sowie 81 noch vorliegende Vorschläge für Umbenennungen.[134] Zudem wird in dem Bericht festgestellt, dass darüber hinaus 327 weitere Straßen zur Änderung anstünden, wenn im Rahmen der Aktion auch alle Doppelnamen bereinigt werden sollten.[135] Verursacht worden war die Entstehung dieser Doppelnamen durch die Eingemeindung der Orte Birkach, Möhringen, Plieningen, Stammheim und Vaihingen zum 1. April 1942.[136] Diese Namen waren zunächst unverändert ge-

---

127 Ebd., Schreiben d. Wirtschaftsamtes ans Vermessungsamt v. 7.3.1946.
128 Ebd., Antwortschreiben d. Vermessungsamtes an d. Wirtschaftsamt v. 3.4.1946.
129 Landeshauptstadt Stuttgart (Hg.): Die Stuttgarter Straßennamen, 45-46.
130 Ebd.
131 StAS, Straßenbenennungen 113, Bü 1946, Schreiben d. Stadtvermessungsamtes an d. Wirtschaftsamt v. 4.6.1946.
132 Landeshauptstadt Stuttgart (Hg.): Die Stuttgarter Straßennamen.
133 StAS, Straßenbenennungen 113, Bü 1946, Wochenbericht v. 7.-13.8.1946.
134 StAS, Straßenbenennungen 113, Bü 1946, Wochenbericht v. 7.-13.8.1946.
135 Ebd.
136 Ebd., Auszug aus d. Niederschrift d. Gemeinderats v. 6.9.1946.

blieben, da ja, wie bereits oben erwähnt, den Kommunen für die Dauer des Krieges untersagt worden war, Umbenennungen vorzunehmen. Der Gemeinderat beschloss schließlich, obwohl „die Beseitigung dieser Doppelnamen sehr erwünscht sei", die Lösung dieses Problems auf einen späteren Zeitpunkt zu verschieben, da „die technische Durchführung der Umbenennungen einen so erheblichen Arbeits-, Material- und Kostenaufwand erfordern würde, dass im Hinblick auf die derzeitigen Verhältnisse eine allgemeine Umbenennung jetzt und in nächster Zeit nicht vertreten werden kann."[137]

Einen starken inhaltlichen Impuls auf die Stuttgarter Straßenbenennungen des Jahres 1946 gab der „Gedenktag für die Opfer des Nazismus" am 15. September. „In Besprechungen beim Landesausschuss Württemberg-Baden der vom Naziregime politisch Verfolgten, an denen sich Vertreter der Ministerien und der politischen Parteien beteiligt haben, wurde vorgeschlagen, zu diesem Gedenktag einige Straßen unserer Stadt nach Opfern des Nazismus zu benennen und einen Gedenkstein für sie zu errichten", hieß es dazu in einem Gemeinderatsprotokoll Anfang September.[138] Vorgeschlagen wurden die „Schlotterbeckstraße" (nach der von der Gestapo hingerichteten Arbeiterfamilie aus Untertürkheim), die „Emil-Gärtner-Straße" (nach einem von der Gestapo hingerichteten Obertürkheimer Arbeiter), die „Breitscheidstraße" (nach dem im KZ ermordeten SPD-Reichstagsabgeordneten Dr. Rudolf Breitscheid), die „Heilmannstraße" (nach dem im KZ ermordeten SPD-Reichstagsabgeordneten Ernst Heilmann), die „Leuschnerstraße" (nach dem im Zusammenhang mit dem 20. Juli 1944 hingerichteten hessischen Innenminister Wilhelm Leuschner), die „Geschwister-Scholl-Straße" (nach den hingerichteten Mitgliedern der Widerstandsorganisation „Weiße Rose", Sophie und Hans Scholl), die „Thälmannstraße" (nach dem im KZ Buchenwald ermordeten KPD-Vorsitzenden), die „Ossietzkystraße" (nach dem im KZ ermordeten Friedensnobelpreisträger Carl von Ossietzky), die „Fritz-Elsas-Straße" (nach dem im Zusammenhang mit dem Attentat vom 20. Juli 1944 hingerichteten Vizepräsidenten des Deutschen Städtetags, Dr. Fritz Elsas) und die „Eisestraße" (nach dem im KZ Dachau ermordeten katholischen Geistlichen Albert Eise).[139] Allen Vorschlägen wurden

---

137 Ebd.
138 Ebd.
139 StAS, Straßenbenennungen 113, Bü 1946, Auszug aus d. Niederschrift d. Gemeinderats v. 6.9.1946.

schließlich entsprochen[140], alle Straßen außer der „Thälmannstraße"[141] bestehen bis heute.[142] Beseitigt wurden durch sie gezielt zahlreiche Straßennamen mit militärischem Bezug wie „Retraitestraße", „Blücherstraße", „Militärstraße" und „Kasernenstraße".[143] Zeitgleich fielen im September 1946 auch die Gemeinderatsentscheidungen gegen die Beibehaltung der „Hindenburgstraßen".[144] In einigen Fällen sah der Stuttgarter Gemeinderat Korrekturen als notwendig an, weil die zunächst gewählten Straßennamen thematisch als nicht angemessen empfunden wurden. So erhielt die „Blücherstraße" in Vaihingen-Rohr nicht mehr ihren ursprünglichen Namen „Heinrich-Zille-Straße" zurück, sondern wurde nach dem Volkswirtschaftler Heinrich Sombart benannt, der offensichtlich passender erschien als der Berliner Künstler und Zeichner.[145] Im Stadtteil Degerloch entfielen sämtliche nach Marineoffizieren benannten Straßen und wurden durch unpolitische neue Bezeichnungen ersetzt: Aus der „Admiral-Behnke-Straße" wurde die „Rubensstraße", aus der „Admiral-Scheer-Straße" die „Löffelstraße" (nach dem Degerlocher Volksdichter Wilhelm Löffel), aus der „Graf-Spee-Straße" die „Bodelschwingh-Straße" (nach Friedrich von Bodelschwingh, dem Begründer der Inneren Mission) – hier ergab sich eine bemerkenswerte Parallele zu den Kölner Straßenbenennungen mit sozialem Bezug –, aus der „Tirpitzstraße" die „Flattichstraße" (nach dem schwäbischen Erzieher Johann Friedrich Flattich) und aus der „Weddigenstraße" die „Heinestraße".[146] Stuttgart hatte damit, wenn auch an anderer Stelle, seine „Heinestraße" wieder. Die ursprüngliche war, wie bereits oben erwähnt, nach der Machtergreifung der Nationalsozialisten in „Richard-Wagner-Straße" umbenannt worden und besteht bis heute unter diesem Namen an dieser Stelle.

Die Alliierten mussten in diese Vorgänge so gut wie gar nicht eingreifen, hatten jedoch stets ein wachsames Auge auf den Umbenennungsprozess, wie ein Schreiben des Württembergischen Landesamtes für Denkmalpflege

---

140 Ebd., Verzeichnis der Straßenumbenennungen, ohne Datum.
141 Ebd., Bü 1952, Auszug aus d. Niederschrift über d. Verhandlung d. Gemeinderats v. 31.1.1952, damals wurde die Rückbenennung in „Lange Straße" mit dem Hauptargument beschlossen, der Name könne auch als Ehrung für eine Symbolfigur der kommunistischen Bewegung verstanden werden.
142 Landeshauptstadt Stuttgart (Hg.): Die Stuttgarter Straßennamen.
143 StAS, Straßenbenennungen 113, Bü 1946, Anlage z. Niederschrift über d. Verhandlung d. Verwaltungsabt.v. 10.9.1946.
144 Ebd., Auszug aus d. Niederschrift über d. Verhandlung d. Verwaltungsabt. d. Gemeinderats v. 17.9.1946 u. 30.7.1946.
145 Ebd., Auszug aus d. Niederschrift über d. Verhandlung d. Verwaltungsabt. v. 17.9.1946.
146 Ebd., Schreiben d. Statistischen Amtes an den Bezirksbürgermeister v. Stuttgart-Degerloch v. 17.9.1946.

an OB Klett vom November 1946 beweist: „Im Verfolg der mir übertragenen Durchführung der Anordnung der Militärregierung betreffs Beseitigung nazistischer und militärischer Denkmäler und Museen habe ich vor kurzem der Militärregierung auf deren Mitteilung, daß die ‚Admiral-Behnke-Straße' immer noch das alte Straßenschild zeige, erklärt, dieser Umstand sei lediglich darauf zurückzuführen, daß infolge Materialschwierigkeiten die Herstellung neuer Straßenschilder noch nicht möglich gewesen sei. Gelegentlich meiner heutigen Berichterstattung bei der Militärregierung über den Stand meiner Arbeiten, hat die Militärregierung gewünscht, daß in allen Gemeinden Nord-Württembergs und Nord-Badens die Straßenschilder der erwähnten Art unter allen Umständen bis 1. Januar beseitigt sein müssen..."[147]

In einer der letzten Beschlüsse des Jahres 1946 zu den Straßenumbenennungen in Stuttgart wurden weitere Widerständler geehrt. Die bisherige „Kronenstraße" sollte nach dem Angehörigen der „Weißen Rose", Professor Huber, benannt werden, die „Alte Stuttgarter Straße" im Stadtteil Botnang nach dem im KZ Dachau ermordeten KPD-Politiker Walter Häbich.[148] Nach dem aktuellen Verzeichnis der Stuttgarter Straßennamen wurde der letztgenannte Vorschlag aber offenbar nicht umgesetzt beziehungsweise wieder abgeändert, und im erstgenannten Fall blieb die „Kronenstraße" schließlich doch bestehen, aber eine andere Straße nach Professor Huber benannt.[149] Als Straßennamen, die aus politischen Gründen noch in Fortfall kommen könnten, wurden in dem Schreiben genannt: „Metzstraße", „Wörthstraße", „Sedanstraße" und „Hohenzollernstraße".[150] Aufgeführt wurden also Straßen, die nach Schlachtenorten des deutsch-französischen Krieges 1870/71 und dem deutschen Kaiserhaus, das offenbar in engem Zusammenhang mit dem Militarismus gesehen wurde, benannt waren. Sämtliche Namen wurden bis heute beibehalten – ähnlich wie beispielsweise in München – was auch kaum Wunder nimmt: Als militärische Erinnerungsorte, die historisch vor dem 1. August 1914 lagen, waren Metz, Sedan und Wörth sogar in den Augen der Besatzungsmacht ebenso bedenkenlos zu historisieren wie das Jahrhunderte alte preußische Herrscherhaus.

---

147 StAS, Straßenbenennungen 113, Bü 1946, Schreiben d. Württembergischen Landesamtes für Denkmalpflege an OB Klett v. 12.11.1946.
148 Ebd., Schreiben an Bürgermeister Hirn v. 25.1.1946.
149 Landeshauptstadt Stuttgart (Hg.): Die Stuttgarter Straßennamen.
150 StAS, Straßenbenennungen 113, Bü 1946, Schreiben an Bürgermeister Hirn v. 25.11.1946.

Zum Jahresende 1946 ließ sich also festhalten, dass alle in dieser Arbeit untersuchten Städte ihre Straßenverzeichnisse einer umfassenden Bereinigung im Sinne der Entnazifizierung unterzogen hatten. In Stuttgart ließen sich dabei vier Phasen ausmachen: die Entnazifizierung an sich, die Entkolonialisierung, die Entmilitarisierung und die Entborussifizierung, also die kritische Überprüfung aller Namen von Straßen und Plätzen, die sich aus der preußischen Tradition ableiteten. Die im vorangegangenen Text erläuterten Beispiele zeigen, dass dieser vierphasige Prozess in Stuttgart im Vergleich zu München und Köln eher noch gründlicher und meist auch unter enger Einbeziehung der nachgeordneten kommunalen Gremien sowie der Bürgerschaft ablief. Was die Gründlichkeit und Entschiedenheit Stuttgarts betrifft, so wird diese Behauptung beispielsweise durch die Tatsache unterstrichen, dass es heute in Stuttgart – ganz im Gegensatz zu München – keine Straßen mehr gibt, die an den deutschen Kolonialismus erinnern. Zusätzlich zur Entnazifizierung, die ja in allen deutschen Städten zu erfolgen hatte, wobei die Ausgestaltung aber in den Händen der Kommunen lag, unterzog sich also in Stuttgart auch aus eigenem Antrieb schon relativ früh einer tiefgreifenden Entkolonialisierung seines öffentlichen Raumes. Einen wesentlich pragmatischeren Weg beschritt Stuttgart bei der Entmilitarisierung und Entborussifizierung. Hier wurde weitgehend – übrigens auch wieder wie in München – nach der Maßgabe der Besatzungsmächte verfahren, wonach nur militärische Erinnerungsorte zur Verherrlichung deutscher Siege nach dem Beginn des Ersten Weltkrieges sowie militärische Symbolfiguren als Straßennamen zu beseitigen seien. Bei allem Pragmatismus verzichtete die Stuttgarter Stadtverwaltung aber auf undifferenzierte Pauschalurteile – auch dies haben die dargestellten Beispiele gezeigt – und untersuchte jeden Einzelfall. Im Endergebnis wurden so aus den Schlachtenorten des Ersten Weltkrieges historisierte Gedenkorte für die Opfer der Schlachten. Auf personalisierte militärische Symbole, also Kriegshelden, wurde bewusst verzichtet. Zum einen waren die meisten Straßenbenennungen in dieser Richtung während des Dritten Reiches erfolgt, zum anderen wurden die dadurch geehrten Personen auch in einer militärischen Tradition gesehen, welche das Dritte Reich für sich in Anspruch genommen hatte. Dass in späteren Jahren Werteverschiebungen in der militärischen Traditionspflege erfolgen könnten, war knapp zwei Jahre nach dem Ende des Zweiten Weltkrieges noch nicht absehbar. Ähnliche Kriterien wurden bei der Entborussifizierung angelegt. Namen, die an die preußische Tradition und Geschichte anknüpften, waren ja, wie die Beispiele aus

Straßen und Plätze im Dritten Reich – Die Bereinigung des öffentlichen Raums 115

den nachgeordneten kommunalen Stellen gezeigt haben, gerade auf Ebene der Ortsämter und Bezirksbürgermeistereien ins Visier geraten – eine Situation, die wiederum mit der in Köln vergleichbar war. Auch diese Problematik wurde in Stuttgart weniger politisch, sondern mehr sachlich-fachlich gelöst. Entscheidend war die Bewertung des jeweiligen Einzelfalles, die den Ausschlag gab, ob ein Straßenname erhalten blieb oder nicht. In diesem Prozess wurde in allen Städten natürlich versucht, lokale Positionen zurückzuerobern, die 1933 verloren gegangen waren. Besonders deutlich wird dies beispielsweise durch die bereits erwähnte Restauration katholischer Straßennamen in der Bischofsstadt Köln.[151] Das Bestreben, das Erbe des Nationalsozialismus aus dem öffentlichen Raum zu verbannen, war also tatsächlich groß, wie unter Berufung auf Martens' Untersuchung bereits oben festgestellt wurde. Und kaum war es seitens der Besatzungsmächte dabei notwendig, Druck zu machen. Zumindest in München und Stuttgart dauerte es auch nicht lange, bis die ersten Opfer des NS-Regimes und Widerständler geehrt wurden. Für Köln sieht Marion Werner diesen Trend hingegen erst in den 50-er Jahren signifikant hervortreten, in ihren Augen ein Ausdruck, das Dritte Reich im öffentlichen Bewusstsein lieber zu verdrängen statt sich damit auseinanderzusetzen.[152] Ähnliches, so Werner, gelte erst recht für die Aufarbeitung des Holocaust.[153] Eine Ansicht, der zumindest auf Basis der vorliegenden Quellen zu den Straßenbenennungen von 1945/46 nicht zu widersprechen ist.

Ab dem Jahr 1947 ist denn auch die Tendenz festzustellen, nach der Überwindung des Dritten Reiches wieder zu einer Art Normalität zurückzukehren, auch wenn Währungsreform und die Entstehung neuer staatlicher Ordnungen sich noch in weiter Zukunft befanden. „Mit Rücksicht auf die zahlreichen Umbenennungen, die in letzter Zeit durchgeführt werden mussten, ist im Augenblick nicht vorgesehen, noch weitere Straßen umzubenennen", lautete ein beispielhaftes Antwortschreiben der Stadtverwaltung an einen Stuttgarter Bürger.[154] Auch der Kalte Krieg und übergreifende innenpolitische Auseinandersetzungen in der späteren Bundesrepublik warfen bereits ihre Schatten voraus. So kam die geplante Straßenbenennung nach dem im KZ Dachau ermordeten KPD-Politiker Walter Häbich, die im Prinzip bereits im Vorjahr beschlossen

---

151 Vgl. Werner: 133 u. 149.
152 Ebd., 184,
153 Ebd., 149.
154 StAS, Straßenbenennungen 133, Bü 1947, Schreiben d. Stadtverwaltung an Herrmann R. v. 23.6.1947.

worden war, wieder auf die Tagesordnung des Gemeinderats.[155] Die Benennung wurde schließlich vertagt, nachdem ein SPD-Gemeinderat Zweifel angemeldet hatte, ob die Abstimmung darüber im Stadtteil Botnang, welche dem Antrag an den Gemeinderat zu Grunde lag, rechtmäßig zustande gekommen sei: „Das Abstimmungsergebnis war ein sehr zweifelhaftes."[156] Zwar hatte sich zwar die Verwaltungsabteilung des Gemeinderats gegen die Beibehaltung einer Reihe von Straßennamen ausgesprochen, die in den Vorjahren als höchst strittig empfunden worden waren: den „Heinrich-Gontermann-Weg", den „Paul-Bäumer-Weg", den „Werner-Voß-Weg" – alle Benennungen waren unter dem NS-Regime nach Fliegerhelden des Ersten Weltkriegs vorgenommen worden – sowie die „Leutweinstraße".[157] Alle Straßen bis auf die „Leutweinstraße" bestehen jedoch bis heute.[158] Dasselbe gilt für die nach Schlachtenorten des Krieges von 1870/71 benannten „Sedanstraße", „Wörthstraße" und „Champignystraße".[159] Auch die „Ukrainestraße", im Gedenken an die deutsch-österreichische Intervention gegen bolschewistische Truppen in der Ukraine im Ersten Weltkrieg 1917, so benannt 1937, blieb bestehen. Der Umbenennungsvorschlag „Arnold-Cahn-Straße" wurde aber deswegen nicht verworfen, sondern an anderer Stelle verwirklicht,[160] um den jüdischen Mediziner, dessen Name im Zuge der „Arisierung" der Straßennamen getilgt worden war, wieder einen angemessenen Platz im öffentlichen Raum zu verschaffen. Mehr als zwei Jahre nach dem Ende des Dritten Reiches noch umfassende Änderungen an Straßennamen vorzunehmen, dessen NS-Ursprung nicht augenfällig war, rief nicht nur Zustimmung hervor. „Aus der Bitte der Abteilung wird vermerkt, daß Straßenbenennungen möglichst unterbleiben soll und Ehrungen bei neu zu benennenden Straßen geschehen sollten", hieß es in einem Beratungsprotokoll, „die Beseitigung von historischen Straßennamen militärischen Ursprungs wie zum Beispiel der Sedanstraße werden nicht verstanden und erreichen vielleicht nicht dem beabsichtigten Zweck. In anderen Ländern werden solche historischen Namen belassen."[161] Zum Opfer fiel

---

155 Ebd., Auszug aus d. wörtlichen Niederschrift über d. öffentl. Sitzung d. Gemeinderats v. 6.11.1947.
156 Ebd.
157 StAS, Straßenbenennungen 113, Bü 1947, Auszug aus d. Niederschrift über d. Verhandlung d. Verwaltungsabteilg. d. Gemeinderats v. 28.10.1947.
158 Landeshauptstadt Stuttgart (Hg.): Die Stuttgarter Straßennamen.
159 StAS, Straßenbenennungen 113, Bü 1947, Auszug aus d. Niederschrift über d. Verhandlung d. Verwaltungsabteilg. d. Gemeinderats v. 28.10.1947.
160 Ebd.
161 Ebd.

der Beratung dann schließlich die „Annabergstraße"[162], deren Beibehaltung angesichts der dortigen deutsch-polnischen Kämpfe nach dem Ersten Weltkrieg und der Grenzziehung nach 1945 wohl politisch als zu heikel empfunden wurde.

Stellvertretend für den Wunsch nach Kontinuität und Ordnung auf dem Stadtplan mag der Brief eines Stuttgarter Bürgers vom Februar 1947 stehen: „In letzter Zeit sind auch in Stuttgart eine große Anzahl von Straßen und Plätzen im Zuge der politischen Umwälzung umbenannt worden. Durch diese in den vergangenen 15 Jahren öfters erfolgte Änderung ist heute selbst der alteingesessene Stuttgarter nicht mehr in der Lage, sich ohne Stadtplan und Straßenverzeichnis auszukennen und zurechtzufinden. Er hat allmählich die Orientierung verloren."[163] In seinem Schreiben macht der Autor auch mehrere Vorschläge zur systematischen Durchbenennung der Stuttgarter Straßen nach dem Prinzip der Cluster-Bildung und bezieht klare Position gegen die Konservierung militärischer Erinnerungsorte: „Alles an vergangene Kriege Erinnernde [...] sollte vermieden werden!"[164] Setzte sich der Briefschreiber vielleicht auch mit diesem Wunsch nicht durch, so sehr wurde doch sein Anliegen nach Ordnung und Einsichtigkeit im Straßenverzeichnis erfüllt. An alle Ortsämter verteilte das Vermessungsamt der Stadt Stuttgart 1947 Listen von allen in dem jeweiligen Bereich gemeldeten Straßen und Plätzen mit dem Auftrag zur Überprüfung.[165] Das Problem mit der Beseitigung von Doppelnamen bestand jedoch noch Jahre weiter, wie ein Schreiben des Statistischen Amtes beweist, in dem das Amt auf entsprechende Beschwerden der Post Bezug nahm: „Jede Straße, die im Stadtgebiet doppelt oder gar mehrfach vorhanden ist, bedeutet nicht nur für die Postzustellung eine Erschwerung, sondern ist auch ganz allgemein äußerst verkehrshinderlich."[166] Auch die Debatten um das Bestehenlassen von Straßennamen mit militärischem Bezug kamen nicht zum Erliegen. In den Akten der Stadtverwaltung findet sich die Eingabe eines Stuttgarters, welcher die „Sommestraße" umbenannt sehen wollte.[167] Die Stadtverwaltung hielt aber an ihrem Kurs fest: „Der Gemeinderat hat diese Namen [...] 1946 bestehen lassen. Dabei sprach sicherlich der Gedanke mit, dass diese Namen weniger ein nicht

---

162 Ebd.
163 Ebd., Schreiben v. Dipl.-Ing. S. an d. Stadtverwaltung Stuttgart v. Feb. 1947.
164 StAS, Straßenbenennungen 113, Bü 1947, Schreiben v. Dipl.-Ing. S. an d. Stadtverwaltung Stuttgart v. Feb. 1947.
165 StAS, Straßenbenennungen 113, Bü 1947.
166 Ebd., Bü 1950, Schreiben d. Statistischen Amtes v. 4.12.1950.
167 Ebd., Schreiben v. Erich R. ans Bürgermeisteramt Stuttgart, ohne Datum.

mehr zeitgemäßer Hinweis an militärische Siege als eine Erinnerung an die Toten sein sollen."[168] Mit Gewissheit darf davon ausgegangen werden, dass diese Neudeutung der Schlachtennamen nach 1945 keine reine Äußerlichkeit war. Zu stellen ist aber angesichts des Briefes von Erich R. die Frage, ob diese Botschaft auch jeden Stuttgarter Bürger erreichte. Auf eine höhere politische Ebene kam das Thema, als sich der Leiter des Europa-Bildungswerkes in Regensburg deswegen an den Stuttgarter Oberbürgermeister wandte: „Um einen kleinen, aber gleichwohl wesentlichen Beitrag zur europäischen Verständigung und Einigung handelt es sich hier. Noch immer gibt es in den wesentlichen Städten Straßenbezeichnungen, die alltäglich an die Zeit der europäischen Zersplitterung erinnern. In deutschen Städten sind es die Sedan-, Orleans-, Coulmiers- oder Verdun-Straßen, die hierher gehören. Solche Straßenbezeichnungen durch andere zu ersetzen, wäre ein Beitrag zur Überwindung geschichtlicher Reminiszenzen, die eine europäische Verständigung hemmen."[169] Diese Anregung stieß im Sinne der in Stuttgart – und auch andernorts – verfolgten Politik, die 1945/46 getroffenen Entscheidungen nicht mehr rückgängig zu machen, auf Ablehnung: „In welcher mitteleuropäischen Stadt dürfte es nicht analoge Straßenbezeichnungen geben?" nahm das Statistische Amt Stellung.[170] „Ich glaube kaum, daß ein wesentlicher Beitrag zur Verständigung dadurch erzielt werden kann, daß man diese Straßen heute umbenennt. Außerdem sind die verwaltungstechnischen und verkehrstechnischen Schwierigkeiten [...] so erheblich, daß man tunlichst Straßenumbenennungen vermeiden sollte, wie man aber auch künftig vermeiden sollte, überhaupt militärische oder politische Straßennamen zu wählen."[171] Auf den Punkt gebracht: Die Stadtverwaltung wollte auf dem Gebiet der Straßenumbenennungen fünf Jahre nach Kriegsende endlich die Vergangenheit ruhen lassen und unterwarf sich damit einem Trend, der die gesamte bundesdeutsche Öffentlichkeit dominierte, nicht zuletzt gefördert durch die Bestrebungen der Westmächte, „ihren" Teil Deutschlands als Partner im Kalten Krieg zu gewinnen und die Formel des ersten Bundeskanzlers Konrad Adenauer, dass die Bundesregierung entschlossen sei, „Vergangenes vergangen sein zu lassen"[172], wo es ihr vertretbar erscheine. So erschien es gar nicht notwendig,

---

168 Ebd., Antwortschreiben v. Bürgermeister Hirn v. 29.11.1950.
169 Ebd., Schreiben d. Leiters d. Europa-Bildungswerks an d. Stuttgarter OB v. 25.9.1950.
170 StAS, Straßenbenennungen 113, Bü 1947, Schreiben d. Statistischen Amtes ans Kulturreferat v. 25.10.1990.
171 Ebd.
172 Frei: 276.

22 Straßen in Stuttgart umzubenennen, von denen drei ohnehin an den Krieg von 1870/71 erinnerten und schon in den 70-er Jahren des 19. Jahrhunderts ihren Namen erhalten hatten und 19 ausschließlich an den Ersten Weltkrieg, auch wenn ihre Benennung ausnahmslos unter dem NS-Regime erfolgt war.[173] Einzig der „Skagerrakplatz" findet sich nicht mehr im heutigen Stuttgarter Straßenverzeichnis.[174]

Sehr bald standen einige Straßennamen erneut im politischen Widerstreit, diesmal in dem des Kalten Krieges, wie die 1950 einsetzende Debatte um die „Thälmannstraße" zeigt. War die Benennung wenige Jahre zuvor aus dem Blickpunkt erfolgt, in Ernst Thälmann primär ein Opfer des Nationalsozialismus zu sehen, so rückte dieser Aspekt zugunsten einer Sichtweise in den Hintergrund, die den früheren KPD-Chef zur Symbolfigur des ideologischen Gegners machte, die sich vor allem in der aktuellen Politik der Sowjetunion manifestierte. „Seit der Umbenennung der ‚Lange Straße' in ‚Thälmannstraße' hat sich die weltpolitische Lage und die innenpolitische Situation Westdeutschlands grundlegend geändert und es besteht kein Grund mehr dafür und heute absolut kein Anlass, in westdeutschen Landen für diesen Kommunistenführer Propaganda zu machen,"[175] hieß es in einer Leserzuschrift an die „Stuttgarter Zeitung". In einem weiteren Leserbrief kam sogar ein undifferenzierter Antikommunismus zum Ausdruck, aus dem heraus die Deutschen in einer Art Opferrolle gesehen wurden: „Ich habe Rußland als Soldat kennengelernt und weiß, daß, sofern das Regime bei uns in Deutschland je einmal zur Macht gelangen sollte, es in unserem Vaterlande genau so aussehen würde, wie es jetzt in der UdSSR der Fall ist. Noch unbegreifbar ist mir aber, daß, nachdem gerade in jüngster Zeit bezüglich der zurückgehaltenen Kriegsgefangenen die unglaublichsten und grauenhaftesten Nachrichten zu uns gedrungen sind, die Stadtverwaltung nicht von sich aus Protest gegen das gesamte kommunistische Regime die Umbenennung dieser Straße vorgenommen hat."[176] Der „Verband der Sowjetzonen-Flüchtlinge und Vertriebenen Süddeutschland", Stadtverband Stuttgart, bezeichnete Thälmann sogar öffentlich als

---

173 StAS, Straßenbenennungen 113, Bü 1950, Anlage z. Schreiben d. Statistischen Amtes ans Kulturreferat v. 25.10.1950.
174 Landeshauptstadt Stuttgart (Hg.): Die Stuttgarter Straßennamen.
175 StAS, Straßenbenennungen 113, Bü 151, Material zur Sitzung d. Verwaltungsabt. v. 6.11.1951, Anträge auf Rückbenennung von nach Opfern des Nationalsozialismus umbenannten Straßen (Thälmannstraße und Ossietzkystraße).
176 StAS, Straßenbenennungen 113, Bü 151, Material zur Sitzung d. Verwaltungsabt. v. 6.11.1951, Anträge auf Rückbenennung von nach Opfern des Nationalsozialismus umbenannten Straßen (Thälmannstraße und Ossietzkystraße).

„üble Erscheinung", und Unbekannte beschädigten Straßenschilder mit dem Namen des Kommunistenführers.[177] Vor dem Hintergrund dieser mit Polemik und politischer Schärfe geführten Diskussion dürfte es kaum verwunderlich sein, dass ein Jahr später – wie schon oben erwähnt – der Beschluss zur Umbenennung fiel. Auch vor dem ermordeten Friedensnobelpreisträger Carl von Ossietzky machte der Zeitgeist nicht halt, wie aus der Eingabe eines Rechtsanwalts an die Stadt hervorging: „Dass die Bezeichnung Ossietzky selbst auch nicht gerade der Stadt Stuttgart zur Ehre gereicht, dürfte jedermann klar sein, weil schon der Name auf eine von Osten her eingewanderte Persönlichkeit hinweist, die, so viel mir bekannt ist, nicht Sozialismus, sondern Kommunismus predigte. So viel ich ferner weiß, ist der Name auch allenfalls bekannt als der eines Herausgebers einer typischen Berliner politischen Zeitschrift, die in Süddeutschland und in Stuttgart kaum Anklang und Leserschaft gefunden hat. Ich bin daher überzeugt, dass den Interessen der Stuttgarter Bürger und Geschäftswelt nur gedient sein kann, wenn der Name schleunigst wieder verschwindet."[178] Der Stuttgarter Gemeinderat lehnte diesen Antrag jedoch letztendlich ab.[179] Die beschriebenen Anfechtungen gegen Benennungen nach Politikern der Linken, die dem NS-Regime zum Opfer gefallen waren, blieben indes nicht auf Stuttgart beschränkt. Auch für Köln, wo es in der ersten Hälfte der 50-er Jahre überhaupt keine solchen Namensgebungen gab, war diese Tendenz erkennbar.[180] Enttäuschend für den Antragsteller, in diesem Fall die Israelitische Kultusvereinigung Württemberg und Hohenzollern, mag auch die Mitteilung der Stadt Stuttgart ausgefallen sein, von drei unter dem NS-Regime beseitigten Straßen, die nach verdienten jüdischen Bürgern benannt waren, nur einen, den „Arnold-Cahn-Weg" (bereits oben erwähnt) wiederherzustellen.[181] Der Grund: Im Fall der „Ernst-Pfeiffer-Straße" und der „Otto-Hirsch-Straße" sei zu große Verwechslungsgefahr mit den ähnlich klingenden „Eduard-Pfeiffer-Straße" und „Hirschstraße" zu befürchten[182] – ein Problem, das in Stuttgart aber wenigstens bis Mitte der 50-er Jahre noch real bestand, wie die Akten der Jahre 1953/54 belegen.[183]

---

177 Ebd.
178 Ebd.
179 Ebd., Bü 1952, Auszug d. Niederschrift d. Verhandlung d. Volksversammlung d. Gemeinderats v. 31.1.1952; gleichzeitig damit wurden auch die Anträge auf Rückbenennung der „Bebelstraße", „Leuschnerstraße" und „Heinrich-Baumann-Straße" zurückgewiesen.
180 Werner: 186.
181 StAS, Straßenbenennungen 113, Bü 1952, Auszug aus d. Niederschrift über die Verhandlung d. Verwaltungsabt. d. Gemeinderats v. 22.7.1952.
182 Ebd.
183 Ebd., Bü 1953 u. Bü 1954.

Kapitel V: Der Umgang mit dem öffentlichen Raum – ein Fazit

Eine These lässt sich bereits an den Beginn dieses Fazits stellen: Stuttgart bildete keinen Sonderfall – weder während der Straßenumbenennungen in der NS-Zeit noch bei deren Löschung nach 1945. Da es bis zum Sommer dauerte, bis reichseinheitliche Richtlinien für die Benennung von Straßen, Wegen und Brücken ergingen, und kurz nach Kriegsbeginn ohnehin alle diesbezüglichen Aktivitäten untersagt wurden, lässt sich zu Recht sagen, dass dieses Gebiet den größten Teil der NS-Herrschaft über den lokalen Initiativen der Kommunen überlassen blieb. Daraus ergab sich für die Kommunen ein weiter Spielraum. Seine Grenzen fand dieser Spielraum erst durch NS-ideologische Schranken. Um sich auf dieser Ebene abzusichern und zugleich stets über ein Potenzial geeigneter Straßennamen zu verfügen, ließ der spätere Stuttgarter Oberbürgermeister Karl Strölin bereits unmittelbar nach der Machtübernahme der Nationalsozialisten einen Kriterienkatalog erarbeiten, an dem sich künftige Namensgebungen orientieren sollten. Was die Inhalte dieses Katalogs betrifft, so kamen seine Amtskollegen in München und Köln – was nicht weiter überrascht – zu ähnlichen Ergebnissen, da sie sich in denselben Rahmenbedingungen bewegten. Der Vergleich zwischen den drei Städten weist daher nur geringe Unterschiede auf, abgesehen von der Tatsache, dass mit der Welle der Straßenumbenennungen in Köln zu Beginn des Dritten Reiches ein borussifizierender Effekt einherging, der sich als Schlag gegen den rheinländischen, oftmals antipreußisch geprägten Konservatismus verstand. Als Beispiel für die weite Ausnutzung des Spielraums bei den Straßenbenennungen, die auch dazu dienen konnten, der betreffenden Stadt ein bestimmtes Image zu verleihen, mag durchaus Stuttgart mit seinen Ambitionen als „Stadt der Auslandsdeutschen" dienen. Verwiesen sei in diesem Zusammenhang an den Versuch Strölins, ab 1936 – nachdem Hitler die offizielle Verwendung des Begriffs „Stadt der Auslandsdeutschen" genehmigt hatte – einen ganzen Stadtteil mit auslandsdeutschen Namen zu schaffen und den „Anschluss" Österreichs 1938 mit einer Fülle österreichischer Straßennamen im Stadtteil Feuerbach zu würdigen.

Gewiss standen hinter diesen Bemühungen Strölins auch persönliche Ambitionen, sich als herausragender NS-Kommunalpolitiker zu profilieren, doch erweist sich die Vermutung, der Oberbürgermeister habe seinen gesamten Straßenbenennungsplan allein nach solchen Überlegungen ausgerichtet, mit Sicherheit als zu weit hergeholt. Dazu erschien der Stuttgarter Straßennamenskatalog als zu wenig unverwechselbar. „Kämpfer für das neue Deutschland", lokale „Märtyrer" der NS-Bewegung, Helden und Schlachtenorte des Ersten Weltkriegs sowie der Befreiungskriege gegen Napoleon, Namen verlorener deutscher Gebiete und ehemaliger deutscher Kolonien bildeten in allen deutschen Städten und Gemeinden einen homogenen Fundus für die Benennung von Straßen und Plätzen, der nur durch lokale und regionale Spezifika ergänzt wurde. In Stuttgart waren dies zum Beispiel die Anklänge ans Auslandsdeutschtum, in München zumindest Pläne für adäquate Namensgebungen für die Straßen der „Hauptstadt der Bewegung" nach deren beabsichtigter Neugestaltung. Die Neubesetzung des öffentlichen Raums ab dem 30. Januar 1933 in Deutschland basierte also nicht auf einer großen, zentral gelenkten Initiative, sondern auf zahlreichen lokalen Initiativen, die alle eine gemeinsame ideologische Zielrichtung aufwiesen. Letztlich taten sogar die Richtlinien von 1939 im Grunde nicht viel mehr, als die jeweiligen Kernelemente dieser lokalen Initiativen herauszuarbeiten, zu präzisieren und zusammenzufassen. Insofern wurden auch bei der Benennung von Straßen und Plätzen im Dritten Reich die Wechselwirkungen zentral und lokal gelenkter Politik sichtbar, wie sie für die NS-Herrschaft typisch waren. Oftmals radikalisierten sich Gesetze und Bestimmungen allein aufgrund der Bemühungen der jeweiligen Behörden, sich gegenseitig zu übertreffen. Wolf Gruner hat dies am Beispiel Wohlfahrtspolitik und Judenverfolgung deutlich gemacht.[1] Zudem korrespondierte dieser Aspekt der Kommunalpolitik mit dem Schlagwort, dass es oberstes Gebot sei, auf allen Ebenen „dem Führer entgegenzuarbeiten",[2] wie es Werner Willikens, ein Staatssekretär im preußischen Landwirtschaftsministerium, 1934 vor NS-Funktionären ausdrückte. Gleichfalls ein Satz, der kaum wie ein anderer die Funktionsweise des NS-Systems charakterisiert.

Nicht immer war bei gehäuften Um- und Neubenennungen – und dafür wurden mehrere Beispiele aufgeführt – die Etablierung der NS-Diktatur die allein entscheidende Triebkraft. Die Anzahl der umbenannten und neu benannten Straßen und Plätze als Maßstab für besondere Systemtreue einer

---

[1] Gruner, Wolf: Öffentliche Wohlfahrt und Judenverfolgung. Wechselwirkung lokaler und zentraler Politik im NS-Staat (1933-1942), München 2002.
[2] „Dem Führer entgegen arbeiten". „Spiegel"-Gespräch mit Ian Kershaw, Spiegel 34 (2000), 56-63, hier: 60.

Kommune zu nehmen, ist daher ungeeignet. Oft genug beruhte der erhöhte Bedarf an Straßennamen auf Eingemeindungen wie in München und Stuttgart oder an der regen Bautätigkeit wie in Köln. Nicht selten wurden dabei Benennungsschemata der Weimarer Republik einfach übernommen, vorausgesetzt, sie verursachten aus Sicht der Nationalsozialisten keine politischen Probleme. Alle diese genannten Aspekte und Entwicklungen lassen sich auch an Stuttgart nachvollziehen. Stuttgart war während des Dritten Reiches in seiner Außen- und Innenwirkung vom Nationalsozialismus ebenso geprägt wie jede andere deutsche Großstadt, zusätzlich angespornt aber von dem Bestreben, als „Stadt der Auslandsdeutschen" in den Kreis der „Führerstädte" zu gelangen.

Die Bereinigung des öffentlichen Raums vom nationalsozialistischen Erbe ging in Stuttgart im Vergleich zu anderen Städten schneller und gründlicher voran. Sie lässt sich in vier Phasen einteilen: Entnazifizierung, Entmilitarisierung, Entkolonialisierung und Entborussifizierung. Bei der Entkolonialisierung kann Stuttgart für sich sogar in Anspruch nehmen, zu den wenigen Kommunen zu gehören, die diesen Teil der deutschen Geschichte besonders kritisch hinterfragten und nach und nach ganz aus dem Stadtbild entfernten, anders als München oder selbst Berlin. Die Ursache für das frühe entschiedene Vorgehen in der späteren baden-württembergischen Landeshauptstadt ist ohne Zweifel die Orientierung, die der erste Nachkriegs-OB Arnulf Klett bereits Ende Mai 1945 gab sowie später die konsequente Nachverfolgung aktueller Forschungen, die teilweise zu gänzlich konträren Neubewertungen von Kolonialpionieren führte. Dabei wurde der Prozess der Straßenrück- und –umbenennungen in Stuttgart nicht nur von Bürgermeister, Stadtrat oder Verwaltung angestoßen, sondern es entwickelte sich häufig, wie zahlreiche Quellen belegen, ein Dialog mit den Gremien der einzelnen Stadtteile und der Bürgerschaft. Für die Vergleichsstädte München und Köln kann eine solche intensive Auseinandersetzung der Stadtführung mit der öffentlichen Meinung zwar nicht pauschal ausgeschlossen werden, andererseits wird sie weder durch Quellen noch durch die aktuelle Forschung erhärtet.

Interessant ist dabei, dass mancher politische Diskurs, der eher der jüngsten Zeit zugerechnet wird, schon damals in Stuttgart öffentlich ausgetragen wurde – gerade ein bis zwei Jahre nach dem Ende des Dritten Reiches und des Zweiten Weltkriegs. Die Rede ist von der Person Hindenburgs, dessen Rolle bei der Ernennung Hitlers zum Reichskanzler auch bereits von Zeitgenossen sehr kritisch bewertet und entscheidend für die „Machtergreifung" der Nationalsozialisten gesehen wurde. Diese Perspektive beispielsweise kommt der oben beschriebenen Sichtweise der jüngsten Forschung wesentlich näher als die der dazwischen liegenden Jahrzehnte, welche die Bedeutung Hindenburgs bei diesem Vorgang eher nachrangig einstufte. Relativ früh – zum Beispiel deutlich vor Köln – verankerte Stuttgart Persönlichkeiten des Widerstands gegen das NS-Regime im öffentlichen Raum. Einen Meilenstein stellte in diesem Zusammenhang der „Gedenktag für die Opfer des Nazismus" dar, der am 15. September 1946 begangen wurde und zu dem allein zehn Straßen nach Widerständlern benannt wurden. Nur die nach dem im KZ Buchenwald ermordeten KPD-Chef Ernst Thälmann benannte Straße wurde wieder umbenannt. Hier erwies sich der Antikommunismus des Kalten Krieges stärker als das Andenken an einen zugegebenermaßen orthodox-kommunistischen Widerständler.

In der Phase der Entnazifizierung wurden so gut wie keine NS-spezifischen Namen von Straßen und Plätzen übersehen. Dies lag an verschiedenen Umständen: dem Willen der deutschen Behörden, das nationalsozialistische Erbe so schnell als möglich zu tilgen, dem Wunsch der deutschen Bevölkerung, das Dritte Reich schnell hinter sich zu lassen und der strikten Politik der Alliierten, NS-Symbolik und NS-Ideologie endgültig aus der Öffentlichkeit zu bannen.[3] Hinzu kam die Tatsache der in aller Regel leichten Identifizierbarkeit der Straßennamen mit nationalsozialistischem Hintergrund. Ein „Übersehen" oder „Vergessen" solcher Benennungen war nur in Fällen möglich, in denen der Namensgeber – beispielsweise ein nur lokal bekannter SA-Mann, der im Dienst ums Leben gekommen war – schon im Dritten Reich nur einem begrenzten Personenkreis geläufig war. Ein hierfür typischer Fall ist beispielsweise der des „Kaspar-Schraut-Platzes" in München.[4] Ähnliche Fälle mag es in allen Kommunen gegeben haben.

Während der NS-Herrschaft wurden auch manche Straßennamen aus pragmatischen verwaltungstechnischen Gründen unverändert belassen und lediglich ideologisch angepasst, indem die Erläuterungen zu den Namen im Adreßbuch neu formuliert wurden. Dieser Prozess wurde nach Kriegsende in umgekehrter Reihenfolge in allen betrachteten Städten wiederholt. Durch die damit verbundenen neuen Sinngebungen der Straßennamen wurden so in

---

3   Frei, Norbert: Hitlers Eliten nach 1945 – eine Bilanz, ³München 2007. In: Ders. (Hg.): Hitlers Eliten nach 1945, 269-299, hier: 274.
4   StaM, Straßenbenennungen 40/62/e, Bü 1940 – 1947, Ref. VII/GA 2/5, Protokoll d. Sitzung d. Wohnungsausschusses v. 27.8.1945.

Stuttgart die Straßen beibehalten, die nach Schlachtenorten des Ersten Weltkrieges benannt wurden: Sie dienten nicht mehr dem verherrlichenden Gedenken des Krieges, sondern dem mahnenden Angedenken an die dort Gefallenen. Alle Kriege vor 1914 wurden in diesem Zuge endgültig historisiert, ein Vorgang, der sich auch in München beobachten ließ. Dies soll nicht heißen, dass in Stuttgart mit der Entmilitarisierung weniger gründlich umgegangen worden sei als mit der Entnazifizierung und Entkolonialisierung. Vielmehr wurde behutsamer abgewogen. Feldherren, die für eine aggressiv-expansionistische Außenpolitik standen, hatten ebenso zu weichen wie Orte kollektiven preußischen Erinnerns, zu denen sich nach der Auflösung Preußens 1945 keine Brücke mehr schlagen ließ. Weit weniger konsequent wurde mit den militärischen Helden und Symbolfiguren des Ersten Weltkriegs verfahren. Namen wie die der Jagdflieger Richthofen, Immelmann, Boelcke und Voß blieben erhalten, nicht aber, weil Stuttgart ihnen besonders zugetan gewesen wäre, sondern weil sie zum einem in keiner Verbindung zum NS-Regime standen, außer, dass dieses sie vereinnahmt hatte, und zum anderen, weil sehr bald auch die Militärtradition der Bundeswehr an sie anknüpfte.

Zusammenfassend hat Stuttgart also die „Kanonänderung im Namenskorpus seiner Straßen und Plätze"[5] nach 1945 konsequent betrieben und in seinen Bemühungen dazu auch später nicht nachgelassen, wie die Auswertung und Anwendung jüngerer Forschungsergebnisse zur deutschen Kolonialpolitik belegen. Gleichwohl bleiben – aber auch hier ist Stuttgart kein Sonderfall – heikle Grenzfälle wie zum Beispiel Militärs des Ersten Weltkriegs. Wie aber verhält es sich beispielsweise mit Richard Wagner? Machen die Tatsachen, dass er Hitlers Lieblingskomponist war und dass dieser engsten Umgang mit seinen Nachkommen pflegte, den Komponisten schon als Namensgeber für Straßen und Plätze unmöglich? Oder ist sein künstlerisches Werk nicht völlig losgelöst von seiner Person und seinen Ansichten zu sehen? Zahlreiche Forscher und Symposien haben sich mit diesen Fragen auseinandergesetzt. Die Antworten sind differenziert, denn zum einen: Nicht alle führenden Nationalsozialisten waren Bewunderer Wagners. Und zum anderen: In den zahlreichen Äußerungen Hitlers, in denen er auf Wagner Bezug nahm, erwähnte er weder dessen antijüdische

---

5   Martens, Matthias: Straßennamen im kulturellen Gedächtnis. In: Horn, Sabine/Sauer, Michael (Hg.): Geschichte und Öffentlichkeit. Orte – Medien – Institutionen, Köln u.a. 2009, 61-69, hier: 66.

Einstellung, noch benannte er sie gar als Vorbild für seine eigenen Ansichten.[6] Saul Friedländers Deutung, dass dies auch nicht der Fall gewesen sein könne, weil Wagner sich ausschließlich mit der Rolle der Juden in der Kultur auseinandersetzte und kein Rasseantisemit wie Hitler gewesen sei,[7] lässt ebenfalls kaum die Interpretation zu, der Komponist sei als direkter ideologischer Vorläufer des Nationalsozialismus zu betrachten, dem keine Straße gewidmet sein dürfe. Hinzu kommt, dass bei einer solchen Betrachtung beispielsweise die Rolle der Wagner-Festspiele als kulturelles und gesellschaftliches Großereignis in der Bundesrepublik gänzlich neu zu gewichten wäre.

Dennoch: Nicht alle Kommunen werden denselben Maßstab anlegen wollen, wenn es darum geht, potenziell „kritische" Straßennamen zu definieren und einen ebenso verbindlichen wie souveränen Umgang damit zu bestimmen. Von daher erscheint es nicht einfach, ein Schema zu entwickeln, das allen Städten und Gemeinden übergestülpt wird und dabei versucht, allen Anforderungen pauschal gerecht zu werden. Marion Werner hat andererseits die Namen von Straßen und Plätzen über ihre reine Orientierungsfunktion hinaus als „Notationssysteme mit stark bewusstseinsformierender, mentalitäts- und affektprägender Wirkung und Erinnerungsträger"[8] bezeichnet und damit deren Symbolwirkung nachdrücklich betont. Deswegen empfiehlt sie, an die einzelnen Benennungen einen „analytischen Raster"[9] zu ihrer Bewertung anzulegen, der hier kurz dargestellt werden soll:[10]

Im ersten Schritt erfolgt eine Analyse der Basisinformationen des Namens: Worauf bezieht er sich, wann wurde er vergeben, wo liegt die danach benannte Straße, wie entstand und erfolgte die Benennung im Rahmen einer Cluster-Benennung? Die Bedeutung der beiden erstgenannten Punkte liegt auf der Hand. Ob beispielsweise mit einer „Gneisenau-Straße" der Militär oder der Reformer geehrt werden soll, kann je nach dem Kontext, in dem die Benennung vorgenommen wurde, mit völlig unterschiedlichen Intentionen verbunden sein. Ob die Benennung vor oder nach 1945 erfolgte, lässt ebenfalls auf unterschiedliche Absichten schließen. Die Lage und Entstehung einer Straße gibt Aufschluss

---

6 Vgl: Friedländer, Saul: Hitler und Wagner. In: Friedländer, Saul/Rüsen, Jörn (Hg.): Richard Wagner im Dritten Reich, München 2000, 165-190, hier: 166 f.
7 Ebd., 168.
8 Werner, Marion: Vom Adolf-Hitler-Platz zum Ebert-Platz. Eine Kulturgeschichte der Kölner Straßennamen seit 1933, Köln u.a., 314.
9 Ebd., 325.
10 Nach ebd., 325-334.

über die Inszenierung ihres Namens: Erhielt eigens eine zuvor anders benannte Straße dadurch einen neuen Namen oder wurden einfach zusätzliche Straßennamen im Zuge der städtebaulichen Entwicklung benötigt?

Es folgt die für die inhaltliche Beurteilung zentral wichtige „Bezugsanalyse", die Antwort auf die Frage nach dem konnotativen und assoziativen Potenzial eines Straßennamens geben soll. Untersucht werden dabei geografische, politische, ökonomische, religiöse, soziale, kulturelle und historische Bezüge sowie Bezüge zur Natur.

Den dritten Punkt von Marion Werners Analyseraster bildet die Bedeutungsanalyse, die der Frage nachgeht, was genau der zu untersuchende Straßenname bezeichnet.

Blickt man auf die meist auf kommunaler Ebene geführten kontroversen Debatten über Namensgeber von Straßen und Plätzen, so erscheinen zumindest Teile dieses Analyserasters dabei als praktikabel, wenn auch als sehr komplex und nicht für alle Fälle anwendbar. Zur Beurteilung von Personen als Namensgeber sei deshalb auf ein ebenso eindeutiges wie international anerkanntes Kriterium verwiesen: etwaige Verbindungen dieser Personen zu antidemokratischen Herrschaftssystemen, zu Kriegsverbrechen, Verbrechen gegen die Menschlichkeit oder zu Verbrechen im Rahmen von Gewaltherrschaft – Grundsätze, nach denen auch die internationalen Gerichtshöfe ihre Urteile sprechen.

Kapitel VI: Quellen und Literatur

1. Ungedruckte Quellen

Stadtarchiv Stuttgart (StaS) 125/1 Hauptamt

Straßenbenennungen 109, Büschel 1933, 1934, 1935

Straßenbenennungen 110, Büschel 1936

Straßenbenennungen 111, Büschel 1937

Straßenbenennungen 112, Büschel 1938, 1939

Straßenbenennungen 113, Büschel 1945, 1946, 1947, 1950, 1951, 1952, 1953, 1954

Stadtarchiv München (StaM)

Straßenbenennungen 40/55, Büschel 1933/34

Straßenbenennungen 40/56/a, Büschel 1934

Straßenbenennungen 40/57

Straßenbenennungen 40/60, Büschel „Straßenbenennungen 1936"

Straßenbenennungen 40/62/f Büschel 1938

Straßenbenennungen 40/62/e Büschel 1940-1947

Straßenbenennungen 40/62/d Büschel „Nach Israeliten benannte Straßen in der Hitlerzeit"

Straßenbenennungen 40/65/1-21

2. Literatur

Benz, Wolfgang: Geschichte des Dritten Reiches, München 2003

Bracher, Karl-Dietrich: Die deutsche Diktatur. Entstehung, Struktur, Folgen des Nationalsozialismus, Berlin/Wien 1979 [1969]

Broszat, Martin: Der Staat Hitlers, München 1981 [1969]

Craig, Gordon A.: Deutsche Geschichte 1866-1945. Vom Norddeutschen Bund bis zum Ende des Dritten Reiches, München 1980

Deist, Wilhelm/Messerschmidt, Manfred/Volkmann, Hans-Erich/Wette, Wolfram: Ursachen und Voraussetzungen des Zweiten Weltkrieges, Frankfurt-Main 1989 (Bd. 1 „Das Deutsche Reich und der Zweite Weltkrieg", hrsg. v. Militärgeschichtlichen Forschungsamt Potsdam)

Dollinger, Hans: Die Münchener Straßennamen, München 2007

Fest, Joachim C.: Das Gesicht des Dritten Reiches. Profile einer totalitären Herrschaft, ⁶München 2003 [1993]

Fleiter, Rüdiger: Kommunen und NS-Verfolgungsgeschichte. In: Politik und Zeitgeschehen 14 (2007), Internet-Ausgabe v. 2.4.2007, www.bundestag.de/dasparlament/2007/14-15/Beilage/006.html (letzter Zugriff am 2.3.2010)

Frei, Norbert: Der Führerstaat. Nationalsozialistische Herrschaft 1933 bis 1945, München 1987

Ders.: Hitlers Eliten nach 1945 – eine Bilanz. In: Ders. (Hg.): Hitlers Eliten nach 1945, ³München 2007, 269-299

Friedländer, Saul: Hitler und Wagner. In: Friedländer, Saul/Rüsen, Jörn (Hg.): Richard Wagner im Dritten Reich TB, München 2000, 165-190

Gellately, Robert: Hingeschaut und weggesehen. Hitler und sein Volk, TB München 2004

Grube, Frank/Richter, Gerhard: Alltag im Dritten Reich. So lebten die Deutschen 1933-1945, Hamburg 1982

Gruner; Wolf: Öffentliche Wohlfahrt und Judenverfolgung. Wechselwirkung lokaler und zentraler Politik im NS-Staat (1933-1942), München 2002 (Bd. 62 Studien zur Zeitgeschichte, hrsg. v. Institut f. Zeitgeschichte München)

Höffkes, Karl: Hitlers politische Generale. Die Gauleiter des Dritten Reiches, Tübingen 1986

Honold, Alexander: Afrika in Berlin – Ein Stadtviertel als postkolonialer Gedächtnisraum, www.freiburg-postkolonial.de/Seiten/Honold-Berlin.htm (letzter Zugriff am 3.11.2009)

Höhne, Heinz: „Gebt mir vier Jahre Zeit". Hitler und die Anfänge des Dritten Reiches, Berlin 1999

Ders.: Der Orden unter dem Totenkopf. Die Geschichte der SS, Bindlach 1999

Kershaw, Ian: Der NS-Staat. Geschichtsinterpretationen und Kontroversen im Überblick, Hamburg 1994

Ders.: „Dem Führer entgegen arbeiten". „Spiegel"-Gespräch mit Ian Kershaw, Spiegel 34 (2000), 56-63

Koonz, Claudia: Mütter im Vaterland. Frauen im Dritten Reich, TB Reinbek bei Hamburg 1994

www.koeln-magazin.info (letzter Zugriff am 6.3.2010)

www.koeln-suedstadt.de (letzter Zugriff am 6.3.2010)

Krockow, Christian Graf von: Hitler und seine Deutschen, Berlin 2001

Landeshauptstadt Stuttgart (Hg.): Die Stuttgarter Straßennamen, bearb. v. Titus Häussermann, Tübingen 2003

Large, David Clay: Wagners Bayreuth und Hitlers München. In: Friedländer, Saul/Rüsen, Jörn (Hg.): Richard Wagner im Dritten Reich, 194-211

Longerich, Peter: Hitlers Stellvertreter. Führung der Partei und Kontrolle des Staatsapparates durch den Stab Heß und die Parteikanzlei Bormanns. In: Bd. 3, Regesten der Akten der Parteikanzlei der NSDAP, hrsg. v. Institut f. Zeitgeschichte München

Martens, Matthias: Straßennamen-Lesezeichen im kulturellen Gedächtnis. In: Horn, Sabine/Sauer, Michael (Hg.): Geschichte und Öffentlichkeit. Orte-Medien- Institutionen, Köln u. a. 2009, 61-69

Matzerath, Horst: Köln in der Zeit des Nationalsozialismus 1933-1945, Köln 2009 (Bd. 12 Geschichte der Stadt Köln)

Münchner Stadtmuseum (Hg.): München – Hauptstadt der Bewegung, München 1993

Müller, Roland: Stuttgart zur Zeit des Nationalsozialismus, Stuttgart 1988

Müller, Roland: Stuttgart, die „Stadt der Auslandsdeutschen". Anspruch und Wirklichkeit eines „NS-Ehrentitels". In: Mayrhofer, Fritz/Opll, Ferdinand (Hg.): Stadt und Nationalsozialismus, Linz 2008, 289-309

Nachtmann, Walter: Wilhelm Murr und Karl Strölin. Die „Führer" der Nazis in Stuttgart. In: Abmayr, Hermann G. (Hg.): Stuttgarter NS-Täter. Vom Mitläufer bis zum Massenmörder, Stuttgart 2009, 187-204

Neue Zürcher Zeitung: Vor fünfzig Jahren: Die Ermordung Wilhelm Gustloffs in Bern, Ausgabe v. 5.2.1986

Nerdinger, Winfried: Topografie des Terrors. Bauen im Nationalsozialismus am Beispiel Münchens. In: Hajak, Stefanie/Zarusky, Jürgen (Hg): München und der Nationalsozialismus. Menschen. Orte. Strukturen, München 2008, 41-49

Pätzold, Kurt/Weißbecker, Manfred: Rudolf Heß. Der Mann an Hitlers Seite, Leipzig 1999

Poguntke, Peter: Gleichgeschaltet. Rotkreuzgemeinschaften im NS-Staat, Köln u. a. 2010 (Bd. 10 Stuttgarter Historische Forschungen)

Pyta, Wolfram: Hindenburg. Herrschaft zwischen Hohenzollern und Hitler, München 2007

Reichlin, Linus: Kriegsverbrecher Wipf, Eugen. Schweizer in der Waffen-SS, in deutschen Fabriken und an den Schreibtischen des Dritten Reiches, Zürich 1994

Rösch, Mathias: Die Münchner NSDAP 1925-1933: eine Untersuchung, Univ.-Diss. München 2002

Sänger, Johanna: Rezension zu: Pöppinghege, Rainer: Wege des Erinnerns. Was Straßennamen über das Geschichtsbewusstsein aussagen, Münster 2007. In: H-Soz- u. Kult. 9.6.2008, www.hsozkult.geschichte.hu.berlin.de/rezensionen/2008-2-161 (letzter Zugriff am 13.5.2009)

Scherrieble, Joachim: Reichenbach a. d. Fils unterm Hakenkreuz. Ein schwäbisches Industriedorf in der Zeit des Nationalsozialismus, Tübingen/Stuttgart 1994

Schoeps, Hans-Joachim: Preußen. Geschichte eines Staates, TB Frankfurt-Main 1980

Scholten, Jens: Im Geiste unbesiegt. In: Frei, Norbert (Hg.): Hitlers Eliten nach 1945, München 2007, 117-164

Schott, Dieter: Entwerten oder erhalten, entdecken oder gestalten. Der Umgang mit Geschichte in städtischen Politikentscheidungen und Zukunftsentwürfen des 20. Jahrhunderts. Bericht vom 44. Deutschen Historikertag in Halle an der Saale vom 10.-13.9.2002. In: H-Soz- u. Kult v. 18.10.2002, www.hsozkult.geschichte,hu-berlin.de/index.asp?id=98&pm=tagungsberichte (letzter Zugriff am 12.8.2008)

Schneider, Michael: Unterm Hakenkreuz. Arbeiter und Arbeiterbewegung 1933 bis 1939, Bonn 1999 (Bd. 12 Geschichte der Arbeiter und der Arbeiterbewegung in Deutschland seit dem Ende des 18. Jahrhunderts, hrsg. v. Gerhard A. Ritter)

Stadtvermessungsamt Frankfurt-Main (Hg.): Benennung von Straßen, Plätzen und Brücken, Frankfurt-Main 2000

Stein, George H.: Geschichte der Waffen-SS TB, Düsseldorf 1978

Steinbach, Peter: Die Gleichschaltung. Zerstörung der Weimarer Republik – Konsolidierung der nationalsozialistischen Diktatur. In: Sösemann, Bernd (Hg.): Der Nationalsozialismus und die deutsche Gesellschaft, Stuttgart u. a. 2002, 78-113

Wagner, Kurt/Wilke, Gerhard: Dorfleben im Dritten Reich: Körle in Hessen. In: Henning, Eike u. a. (Hg.): Hessen unterm Hakenkreuz. Studien zur Durchsetzung der NSDAP in Hessen, Frankfurt-Main 1983

Werner, Marion: Vom Adolf-Hitler-Platz zum Ebert-Platz. Eine Kulturgeschichte der Kölner Straßennamen seit 1933, Köln u. a. 2008

Wendt; Bernd-Jürgen: Großdeutschland. Außenpolitik und Kriegsvorbereitung des Hitler-Regimes, TB München 1987

Zentner, Christian/Bedürftig, Friedemann (Hg.): Das Große Lexikon des Dritten Reiches, München 1985

Anhang:
Übersicht über die 1945/46 umbenannten Straßen und Plätze

Alte Bezeichnung	**Neue Bezeichnung**
Admiral-Behnke-Str. (Degerloch)	Rubensstr.
Admiral-Scheer-Str. (Degerloch)	Löffelstr.
Admiral-Scheer-Str. (Rohr)	Haeckerstr.
Adolf-Hitler-Platz (Birkach)	Bei der Linde
Adolf-Hitler-Platz (Stammheim)	*Entfallen*
Adolf-Hitler-Str.	Planie
Adolf-Hitler-Str. (Feuerbach)	Stuttgarter Str.
Adolf-Hitler-Str. (Plieningen)	Paracelsusstr.
Adolf-Hitler-Str. (Sonnenberg)	Laustr.
Adolf-Hitler-Str. (Vaihingen)	Hauptstr.
Adolf-Kling-Weg (Zuffenhausen)	Franckeweg
Adolf-Stöcker-Str. (Cannstatt)	Naumannstr.
Alleenstr.	Geschwister-Scholl-Str.
Bergerstr. (Heumaden)	Bruno-Franck-Str.
Bertholdstr. (Sillenbuch)	Schweizerstr.
Blücherstr.	Ossietzkystr.
Blücherstr. (Rohr)	Sombartstr.
Böhmestr. (Sillenbuch)	Clara-Zetkin-Str.
Boelckestr. (Rohr)	Darwinstr.
Boelckestr. (Sillenbuch)	Mendelssohnstr.
Braunauer Platz (Sillenbuch)	Sillenbucher Platz
Braunauer Str. (Sillenbuch)	Eduard-Steinle-Str.
Bückebergstr. (Feuerbach)	Steebstr.
Champignystr.	Heinrich-Baumann-Str.
Clausewitzstr. (Rohr)	Phloxweg
Christian-Mergenthaler-Str. (Möhringen)	Lieschingstr.
Danziger Freiheit	Charlottenplatz
Derfflingerplatz (Weil im Dorf)	*Entfallen*

Alte Bezeichnung	Neue Bezeichnung
Deutsch-Ostafrika-Str. (Obertürkheim)	Aprikosenstr.
Deutsch-Südwestafrika-Str. (Obertürkheim)	Mirabellenstr.
Dietrich-Eckart-Str.	Stirnbrandstr.
Dietrich-Eckart-Str. (Rohr)	Schwarzbachstr.
Dietrich-von-Jagow-Str. (Möhringen)	Salzäckerstr.
Elsässer Platz (Zuffenhausen)	*Entfallen*
Emdenstr. (Degerloch)	*Entfallen*
Ernst-vom-Rath-Str.	*Entfallen*
Ernst-Weinstein-Str.	Sophienstr.
Ernst-Weinstein-Str. (Möhringen)	Hofmeisterstr.
Ernst-Weinstein-Str. (Rohr)	Reinbeckstr.
Friedrich-Ettwein-Str. (Cannstatt)	Waiblinger Str.
Ferdinand-Schill-Str. (Weil im Dorf)	Lindenbachstr.
Franz-Holzweber-Weg (Zuffenhausen)	Völterweg
Freiherr-vom-Stein-Str.	Friedrich-Ebert-Str.
Freiherr-von-Soden-Platz	*Entfallen*
Gartenstr.	Fritz-Elsas-Str.
Gneisenaustr.	Erzbergerstr.
Gneisenaustr. (Rohr)	Schopenhauerstr.
Graf-Spee-Str.	(Degerloch) Bodelschwinghstr.
Gregor-Schmid-Str.	Neue Brücke
Gustloffstr.	Goerdelerstr.
Hans-Schemm-Str. (Rohr)	Egelhaafstr.
Hans-Schemm-Str. (Weil im Dorf)	Köstlinstr.
Herbert-Norkus-Platz	*Entfallen*
Hermann-Göring-Str. (Möhringen)	Rosaweg
Hermann-Göring-Weg (Rohr)	Essigweg
Hindenburgplatz	Bahnhofplatz
Hindenburgplatz (Stammheim)	*Entfallen*
Hindenburgstr. (Feuerbach und Weil im Dorf)	Weilimdorfer Str.
Hindenburgstr. (Möhringen)	Rembrandtstr.
Hindenburgstr. (Rohr)	Robert-Koch-Str.
Hindenburgstr. (Vaihingen)	Robert-Koch-Str.
Horst-Wessel-Str.	Witzlebenstr.

Anhang

Alte Bezeichnung	**Neue Bezeichnung**
Horst-Wessel-Str. (Plieningen)	Strebelstr.
Horst-Wessel-Str. (Rohr)	Karl-Weller-Str.
Horst-Wessel-Str. (Sonnenberg)	Lohbauerstr.
Immelmannstr. (Rohr)	Kopernikusstr.
Immelmannstr. (Sillenbuch)	Rudolf-Brenner-Str.
Isoldestr. (Degerloch)	Agnesstr.
Jakobstr. (Untertürkheim)	Schlotterbeckstr.
Jonathan-Schmidt-Str. (Möhringen)	Fleischhauerstr.
Joseph-Goebbels-Str. (Möhringen)	Ernsthaldenstr.
Julius-Schreck-Str.	Gröberstr.
Kameruner Str. (Obertürkheim)	Ebniseestr.
Kanonenweg	Haussmannstr.
Kasernenstr.	Leuschnerstr.
Koburger Str. (Cannstatt)	Aberlin-Jörg-Str.
König-Heinrich-Str. (Zuffenhausen)	Löwensteiner Str.
Kopernikusstr. (Zuffenhausen)	Schwieberdinger Str.
Langemarckallee (Degerloch)	Eugen-Dolmetsch-Str.
Langemarckstr. (Plieningen)	Blumhardtstr.
Langemarckstr. (Riedberg)	Isolde-Kurz-Str.
Lange Str.	Thälmannstr.
Lettow-Vorbeck-Str. (Obertürkheim)	Wildseestr.
Lindenstr.	Kienestr.
Litzmannstr.	Payerstr.
Litzmannstr. (Rohr)	Haldenäckerstr.
Lodystr. (Degerloch)	Schrempfstr.
Lothringer Platz (Zuffenhausen)	*Entfallen*
Ludendorffstr.	Bolzstr.
Lüderitzstr. (Obertürkheim)	Heidelbeerstr.
Lützowstr. (Weil im Dorf)	Mathildenstr.
Militärstr.	Breitscheidstr.
Moltkestr.	Bebelstr.
Moltkestr. (Vaihingen)	Liebknechtstr.
Neuguineastr. (Obertürkheim)	Mörgelnstr.
Ostmarkstr. (Feuerbach)	Feuerbacher-Tal-Str.

Alte Bezeichnung	Neue Bezeichnung
Ostmarkstr. (Rohr und Vaihingen)	Krehlstr.
Oswald-Lehnich-Str. (Möhringen)	Im alten Park
Otawistr. (Obertürkheim)	Blautopfstr.
Otto-Planetta-Weg (Zuffenhausen)	Gemmrigheimer Str.
Paul-Scholpp-Str. (Hedelfingen)	Gärtnerstr.
Petersstr. (Obertürkheim)	Wittenbergstr.
Platz der SA	Marienplatz
Platz der SA (Vaihingen)	Rathausplatz
Plüschowstr. (Sillenbuch)	Liliencronstr.
Retraitestr.	Heilmannstr.
Richthofenstr.	Karl-Kloß-Str.
Richthofenstr. (Rohr)	Kreutzerstr.
Ritter-von-Schönerer-Str. (Gablenberg)	Libanonstr.
Roonstr. (Sillenbuch)	Corneliusstr.
Samoastr. (Obertürkheim)	Raichbergstr.
Scharnhorststr.	Rathenaustr.
Scharnhorststr. (Rohr)	Südendstr.
Schlageterstr.	Stauffenbergstr.
Schlageterstr. (Plieningen)	Wrangelstr.
Schlageterstr. (Riedberg)	Kohlerstr.
Schlageterstr. (Rohr)	Goldregenweg
Schlieffenstr. (Sillenbuch)	Oelschlägerstr.
Seydlitzplatz (Weil im Dorf)	*Entfallen*
Seydlitzstr. (Weil im Dorf)	Gäublick
Sudetenstr.	Stresemannstr.
Südseestr. (Obertürkheim)	Bergstaffelstr.
Talstr. (Zuffenhausen)	*Entfallen*
Tangastr. (Obertürkheim)	Josefgasse
Tirpitzstr. (Degerloch)	Flattichstr.
Togostr. (Obertürkheim)	Im Dinkelacker
Tsingtauer Str. (Obertürkheim)	Kirchsteige
Viktor-Lutze-Str. (Möhringen)	Eisestr.
Von-Jagow-Str. (Heumaden)	Gustav-Barth-Str.
Von-Seeckt-Str. (Cannstatt)	Auerbachstr.

Alte Bezeichnung	Neue Bezeichnung
Weddigenstr. (Degerloch)	Heinestr.
Weddigenstr. (Rohr)	Behringstr.
Wilhelm-Kurrle-Str. (Uhlbach)	Hegnachstr.
Wilhelm-Murr-Str.	Dorotheenstr.
Wilhelm-Murr-Str. (Möhringen)	Hieberstr.
Wilhelm-Neth-Weg (Zuffenhausen)	Talheimer Str.
Willi-Kirchhoff-Str.	Steinstr.
Windhuker Str. (Obertürkheim)	Emil-Gärttner-Str.
Wißmannstr. (Obertürkheim)	Johannisbeerstr.
Yorckstr.	Wilhelm-Blös-Str.
Zietenplatz (Weil im Dorf)	*Entfallen*
Zietenstr. (Weil im Dorf)	Karl-Frey-Str.
Zietenstr. (Rohr)	Steinbachstr.